W9-BIZ-243

L'UNIVERS DE L'ART

Sous la direction
de Patrick Mauriès

GERMAIN BAZIN

Baroque et rococo

THAMES & HUDSON

COUVERTURE: Ägid Quirin Asam, *l'Assomption de la Vierge* (détail), église de pèlerinage de Rohr, en Bavière, 1717-1725 (voir page 239).

Du même auteur:

Le Crépuscule des images, Slatkine, 1980
Théodore Géricault, Bibliothèque des arts, 1988
Histoire de l'art, Massin, 1962
Histoire de l'histoire de l'art: de Vasari à nos jours, Albin Michel, 1986
Le Louvre, Somogy
Les Palais de la foi: le monde des monastères baroques, Office du Livre, 1980
Rembrandt et la peinture hollandaise, Morance, 1932
Le Temps des musées, Desoer, 1967
L'Univers impressionniste, Somogy, 1981
    et al., *Destins: De Stael, Dostoïevski, Géricault, Nietzsche, Rimbaud*, Cabay, 1984
    et P. Vallette, *René Vallette*, Musée des Beaux-Arts d'Orléans, 1974

Édition originale
© 1964 Thames and Hudson Ltd, Londres
Cette édition
© 1994 Éditions Thames & Hudson SARL, Paris

Tous droits réservés. Toute reproduction,
même partielle, de cet ouvrage est interdite.
Une copie ou reproduction par quelque procédé
que ce soit, photographie, photocopie, microfilm,
bande magnétique, disque ou autre, constitue
une contrefaçon passible des peines prévues
par la loi du 11 mars 1957 sur la protection
des droits d'auteur.

Cet ouvrage composé par Cicero à Paris
a été reproduit et achevé d'imprimer en décembre 1993
par l'imprimerie C.S. Graphics
pour les Editions Thames & Hudson.

Dépôt légal : 1er trimestre 1994
ISBN 2-87811-073-0
Imprimé à Singapour

Sommaire

Avant-propos

Le préjugé de la valeur absolue de l'esthétique classique, établie par la Renaissance et restaurée à la fin du XVIIIᵉ siècle par le mouvement dit néo-classique, a fait considérer comme inférieur tout ce qui s'éloignait de cette tendance ; il en est résulté que quelques-uns des grands styles créés par la civilisation occidentale portent des désignations qui furent d'abord des termes de mépris : le gothique, le baroque, le rococo. Parmi les divers sens du mot « baroque », celui qui, esthétiquement, paraît avoir été le plus agissant, se réfère au terme qui, chez les orfèvres de la péninsule Ibérique, désignait une perle irrégulière ; le mot « baroque » veut donc dire « imparfait ». Quant au vocable « rococo », on le trouve en usage dans les ateliers d'ébénistes français de la deuxième moitié du XVIIIᵉ siècle pour qualifier les formes chantournées des meubles de l'époque Louis XV.

Le mot « rococo » est resté accolé à l'art du XVIIIᵉ siècle. Le mot « baroque » a pris au contraire une acception beaucoup plus large. Des esthéticiens modernes ont voulu voir dans l'art baroque une valeur formelle découlant d'une attitude vitale, ayant un caractère en quelque sorte complémentaire du classique ; toute l'histoire des formes se résumerait ainsi en une alternance du baroque et du classique. L'esthéticien germanique Wölfflin a décrit les caractéristiques formelles de chacune de ces deux tendances. L'art classique ne tourne pas le dos à la nature ; il est un art d'observation ; mais au-delà du désordre des apparences, il se donne pour but de rechercher la vérité profonde qui constitue l'ordre du monde. Les compositions classiques sont simples et claires, chacun des constituants gardant son indépendance; elles ont un caractère statique et sont enfermées dans les limites où elles sont incluses. L'artiste baroque rêve de s'insérer dans la multiplicité des phénomènes, dans le flux des choses en perpétuel devenir; ses compositions sont dynamiques, ouvertes; elles tendent à se dilater au-delà des limites où elles sont incluses; associées dans une unité d'action organique, les formes qui les composent ne peuvent être isolées les unes des autres; l'instinct d'évasion du baroque le pousse à préférer les «formes qui s'envolent» à celles qui ont une densité statique. Sa passion du pathétique lui fait peindre dans leur paroxysme les souffrances, les passions, la vie et la mort, tandis que le classique représente la figure humaine dans la pleine possession de ses puissances.

L'objet de ce livre n'est pas de discuter de la valeur de ces théories; il est d'étudier l'art de l'Occident au cours des XVIIᵉ et XVIIIᵉ siècles; cet art porte le terme générique d'art baroque, bien que des expressions de classicisme y soient incluses, autant que celles de baroquisme; quant au *style* baroque, il désigne plus particulièrement l'art du XVIIᵉ siècle, le terme «rococo» s'appliquant à celui du XVIIIᵉ siècle.

Le baroque commence vers les dernières années du XVIᵉ siècle; l'Italie lui donne l'impulsion; le rococo est battu en brèche par le néoclassicisme qui finit par triompher de lui en Angleterre, en France et en Italie vers les années 1760. Néanmoins, loin des centres créateurs, dans les régions les plus lointaines occupées par l'Occident, en Amérique latine notamment, le baroque se prolonge quelques années au-delà de 1800. L'absence de coordination dans le temps des divers styles pratiqués en Europe est un phénomène remarquable de l'art aux XVIIᵉ et XVIIIᵉ siècles. Divers styles se concurrencent dans des régions voisines, parfois dans le même pays; les différents arts en un même temps ne sont pas accordés au même rythme; il arrive que l'architecture évolue vers le classicisme, tandis que les arts mineurs sont d'expression baroque. La tendance générale de l'époque, cependant, est d'atteindre une unité englobant tous les arts dans une même expression, les faisant converger vers un même but. Cette tendance est réalisée pleinement dans le Versailles de Louis XIV et dans le rococo germanique, qui peut être considéré en quelque sorte comme l'apothéose du baroque. À ce moment même, cependant, l'Italie, la France, l'Angleterre tendent à se détacher du baroque et à évoluer vers une nouvelle forme de l'esthétique classique, appelée néo-classicisme, qui puise son inspiration dans l'Antiquité, connue plus directement et plus intimement grâce aux découvertes des villes de la Campanie, de la Sicile et bientôt de la Grèce et du Moyen-Orient. Le néo-classicisme est l'aboutissement de la tendance classique, qui n'avait jamais cessé d'inspirer certains artistes, en pleine effervescence baroque et qui même fut la dominante de l'esthétique française et l'aspiration de l'esthétique anglaise, ce qui n'empêcha pas que la France et l'Angleterre conservèrent des expressions franchement baroques, sans qu'elles en aient eu d'ailleurs vraiment le sentiment, la conscience d'une esthétique baroque opposée au classicisme n'étant venue que tardivement ; au XVIIᵉ siècle, les plus grands baroques étaient persuadés qu'ils étaient très respectueux de l'Antiquité.

Il serait vain de vouloir réduire cette époque à la bipolarité classique-baroque ; il est des expressions qui ne peuvent se ranger aisément ni dans l'un ni dans l'autre de ces concepts, comme l'esthétique réaliste que pratiquent la plus grande partie des peintres hollandais.

L'époque dite baroque est en fait la plus riche d'expressions de la civilisation occidentale – c'est le moment où chacun des peuples qui composent l'Europe invente les formes artistiques qui lui sont propres et qui traduisent le mieux son génie. Cette variété d'expressions est accrue par une intense circulation des formes. Jamais la civilisation occidentale n'avait connu une telle activité des échanges internationaux dans le domaine intellectuel. Cet internationalisme n'est pas contrarié par les différences de religion et contraste avec le nationalisme du siècle suivant, où les créateurs vivront confinés dans le cercle étroit de la culture du pays auquel ils appartiendront. (Delacroix sera un peintre français, mieux même, parisien ; Rubens, qui travailla en Italie, en France, en Espagne, en Angleterre, fut un peintre européen.)

Les antagonismes politiques d'où résultent les guerres − dont la portée se restreint d'ailleurs au XVIIIᵉ siècle − ne créent aucune opposition entre les peuples sur le plan de la civilisation et de la culture. Cette effervescence d'échanges dans le domaine artistique commence avec le début du XVIIᵉ siècle. Rome est alors le point d'attraction de l'Europe, comme le sera l'École de Paris dans la première moitié du XXᵉ siècle ; Flamands, Hollandais, Allemands y viennent étudier les chefs-d'œuvre de la Renaissance et bientôt ceux des artistes modernes. Cet apprentissage en Italie, jugé nécessaire pour une formation artistique complète, sera bientôt encouragé par des institutions officielles. À partir de la fin du règne de Louis XIV, sans que le mouvement vers l'Italie se ralentisse, la France devient elle-même un grand objet d'intérêt. Au XVIIIᵉ siècle, les deux pays fourniront au reste de l'Europe une foule de « spécialistes » qui viendront apporter dans les contrées qui les accueilleront les formes de l'art « moderne ». Cet échange d'influences n'a d'égal que la puissance d'assimilation de ceux qui les accueillent. Les origines françaises ou italiennes de l'art allemand ou de l'art russe sont aussitôt rendues méconnaissables par la transformation que leur imposent les artistes mêmes qui les véhiculent et qui perdent promptement leur caractère national, se laissant absorber par l'ambiance dans laquelle ils vivent.

L'incommodité des voyages, en cette époque, n'en restreint nullement l'usage ; leur lenteur est plus favorable à une pénétration intime des pays traversés que l'extrême rapidité des transports d'aujourd'hui. À partir de la fin du XVIIᵉ siècle, il est admis que tout homme cultivé doit achever sa formation par un tour d'Europe qui lui permet de prendre connaissance des diverses formes de civilisation qu'elle a fait naître ; princes et bourgeois, futurs monarques parcourent les routes, visitent les villes, se font recevoir dans les cours. Quant aux intellectuels, ils échangent entre eux une active correspondance qui, sur le plan scientifique, prépare les futurs périodiques, et se rendent volontiers à la cour du prince qui les appelle, fût-il d'un pays étranger. Catherine II aura ses philosophes, Diderot et Grimm, comme Frédéric II aura le sien, Voltaire, et comme Christine de Suède avait eu Descartes au siècle précédent.

Les XVIIe et XVIIIe siècles voient l'apogée du mode de gouvernement fondé sur le pouvoir absolu d'un monarque appartenant à une famille qui détient cette puissance par droit divin. Dans les pays catholiques cette conception vient tout naturellement se fondre avec la foi religieuse. Le pays où cette alliance entre le divin et le monarchique s'est le mieux exprimée est l'Autriche où, pour n'être plus qu'un symbole, la notion de «Saint Empire romain germanique» reste encore vivante dans les esprits. La conception royale de la France est au contraire beaucoup plus laïque. La notion de droit divin des rois ne domine pas d'ailleurs toute l'Europe: elle fut fortement ébranlée en Angleterre, qui créa la monarchie parlementaire; enfin, les Pays-Bas du Nord, qui ont arraché leur autonomie à l'Espagne, ont institué un régime qui, pour être autoritaire, n'en est pas moins démocratique. Il est certain que la notion de droit divin, tant religieux que monarchique, a encouragé le déploiement du faste qui précisément fait défaut à la bourgeoise Hollande. Mais il y a dans ce besoin intense de création artistique une cause plus profonde, une tendance à l'évasion, une sorte de fuite dans l'imaginaire, contrastant avec le progrès du positivisme dans les sciences exactes, et bientôt dans les sciences morales. Nulle époque sans doute ne contredit autant les théories de Taine qui soumettent l'art au déterminisme étroit du milieu, car nulle civilisation artistique ne fut aussi fertile en contradictions, en paradoxes; ceux-ci sont l'image de sa prodigieuse richesse et d'une force créatrice expansive, sans exemple à aucun autre moment de l'histoire de l'art.

Première partie

CHAPITRE UN

Le xviie siècle en Italie

C'est l'Italie qui a créé le système de valeurs formelles propres à cet art nouveau que plus tard on appellera le baroque. Cette élaboration s'accomplit dans les milieux artistiques de Rome et de Bologne, autour des années 1600, c'est-à-dire entre les pontificats de Sixte V (1585-1590) et de Paul V (1605-1621). L'Église, qui a pourtant perdu au profit de la Réforme une partie importante des territoires de l'Europe, puise une conscience de triomphe dans le fait d'avoir réussi à préserver de l'hérésie le dogme catholique, qui sort renforcé des définitions du Concile de Trente; malgré ses pertes, elle garde un vif sentiment de son universalité, accru par son expansion sur la totalité du globe, dans des régions jusque-là étrangères à l'Occident, où ses missionnaires mènent un combat spirituel pour convertir les indigènes à la religion chrétienne.

Ayant renoncé aux rêves d'hégémonie temporelle qui hantaient certains pontifes de la Renaissance, les nouveaux papes ont transféré la volonté de puissance dans un empire spirituel dont Rome, qui en est la capitale, doit refléter la grandeur; ils se sentent, en quelque sorte, les héritiers des empereurs romains et veulent faire renaître en la Ville éternelle le style pompeux qui était celui de la Rome antique. Cette reviviscence s'accomplit d'autant plus aisément que les artistes cherchent des modèles dans les œuvres de l'Antiquité romaine, celles de l'Antiquité grecque leur étant à peu près inconnues; ces modèles, empruntés à l'époque hellénistique ou plus souvent à la basse Antiquité, les aident à élaborer ce style «oratoire» qui découle du programme apologétique imposé à l'art religieux par le Concile de Trente. Il s'agit d'affirmer au monde par des monuments considérables la grandeur de l'Église catholique, mais aussi, par tous les moyens des arts figuratifs, de prouver la vérité de la foi.

La transformation de Rome en ville pontificale avait été commencée par les papes de la Renaissance. La première grande étape en avait été la conception de Saint-Pierre de Rome, église centrale de la catholicité, par le pape Jules II. À l'époque de la Contre-Réforme, certains papes, comme Sixte V, secondés par le génie d'architectes tels que Domenico Fontana, avaient projeté le percement de grandes voies rectilignes prenant pour perspectives des basiliques ou des obélisques (qui étaient relevées des ruines romaines), ce qui assurait en même temps une circulation plus aisée pour les foules des pèlerinages. Sous les pontificats d'Urbain VIII (1623-1644) et d'Alexandre VII (1655-1667), c'est le Bernin qui est en quelque sorte le régisseur de l'urbanisme dans la Ville éternelle; on achève alors les plans grandioses de Sixte V; on construit une quantité énorme de palais, d'églises, de collèges et de couvents, ceux-ci en particulier pour les ordres nouveaux qui sont nés de la Contre-Réforme, et dont la Compagnie de Jésus est le plus agissant; on crée quelques places et rues neuves, mais le grand œuvre des papes s'ordonnera autour de Saint-Pierre de Rome. Le plan central, cher à Jules II, Bramante et Michel-Ange, malgré sa signification symbolique de rayonnement universel, qui eût dû convenir aux desseins de l'Église de ce temps, est rejeté, parce que considéré comme ayant été inspiré par le paganisme. Le sentiment d'être revenu à la grande époque des origines, lorsque l'Église triomphait du paganisme, redonne une valeur nouvelle au plan basilical, d'ailleurs mieux adapté que l'autre aux données du culte catholique. En 1605, Saint-Pierre est donc pourvu d'une nef colossale à trois vaisseaux et d'un narthex grandiose, par l'architecte Carlo Maderno. C'est sur la bâtisse de ce monument que travaillera le Bernin pour lui donner une somptuosité digne des anciennes basiliques chrétiennes ; à cet effet, il fera plaquer contre les murs un décor polychrome de marbres, de stucs, de bronze et d'or ; il le peuplera ou le fera peupler de statues gigantesques, et concevra un mobilier liturgique en bronze à l'échelle du monument. Au fond de l'église, le reliquaire de la chaire de saint Pierre, porté par les quatre Docteurs de l'Église, se détache sur une gloire d'or (1647-1653) ; ce monument avait été précédé, au-dessus du tombeau de l'apôtre saint Pierre, par le baldaquin (1624-1633), dont la forme était reprise de l'ancien ciborium des temps chrétiens primitifs, mais portée à des dimensions géantes (28 mètres de hauteur) et renouvelée par l'emploi de colonnes torses dites salomoniques, dont le Bernin emprunta la forme à des colonnes de marbre du IVe siècle provenant de l'ancienne basilique constantinienne, qu'il intégrait d'ailleurs dans le décor des piliers de la coupole, encadrant le baldaquin. C'est encore une forme paléochrétienne, le parvis, ou *atrium*, qui inspire la gigantesque place que le Bernin édifie devant Saint-Pierre (1657-1666) ; là pourront se presser les foules pour recevoir la bénédiction *urbi et orbi*, mais, là encore, l'artiste innove en donnant à ce parvis une forme ovale et en l'entourant de portiques à quatre rangs de colonnes doriques.

L'Italie est alors le point de mire de toute l'Europe. Pendant la première moitié du XVIIe siècle, ce sont ses cours princières qui donnent le ton à la civilisation ; aux pays du Nord qui sortent à peine des horreurs et des brutalités des guerres de religion, elle impose les raffinements de la vie de société. Parée du prestige des chefs-d'œuvre exhumés de l'antique et de ceux de Michel-Ange et de Raphaël, Rome attire les artistes du monde entier que passionnent les expériences nouvelles qui s'y accomplissent. Certains, comme les Flamands Rubens et Van Dyck, les Hollandais Van Baburen, Terbrugghen, l'Allemand Elsheimer, le Français Simon Vouet, y feront de longs séjours, et apporteront dans leur pays les principes qui l'aideront à vaincre le maniérisme. D'autres, tels les Français Poussin, Claude

13

1 Vue de la place Saint-Pierre et de la basilique, Rome. Telle qu'elle a été transformée par Maderno, qui sur l'ordre de Paul V ajouta une nef au plan central de Michel-Ange, l'église Saint-Pierre reprend le thème de la vieille basilique constantinienne. Le grand parvis, construit par le Bernin, est une interprétation baroque de l'ancien *atrium*. Ainsi l'Église affirme sa volonté de revenir aux origines.

Lorrain, Le Valentin, s'établiront dans la Ville éternelle, et se fondront dans l'École romaine, qui apparaît ainsi avec le recul de l'histoire comme comparable à ce que sera l'École de Paris.

L'ARCHITECTURE

Les architectes italiens du XVIIe siècle se trouvent en présence d'une énorme commande monumentale à satisfaire. Les principaux de ces édifices sont des églises. Elles présentent les plans les plus variés. Le plus fréquent est le plan à nef unique et chapelles latérales, avec une

2 Détail de la Chaire de saint Pierre, Saint-Pierre de Rome, commencée par le Bernin en 1656
sur l'ordre du pape Alexandre VII. Un humble siège de bois se cache sous ce somptueux décor
baroque qui proclame l'unité et l'universalité de l'Église romaine.

simple abside, mais une vaste coupole surmontant une croisée aux croisillons courts. Le plan avait été adopté au siècle précédent par les jésuites pour l'église de leur ordre à Rome, le Gesù, édifié de 1568 à 1577 par Vignole et Giacomo della Porta, parce qu'il avait le mérite, en rassemblant les fidèles dans la nef unique, de mieux les soumettre à la prédication et de les associer plus intimement à la célébration du culte. À cette église les deux architectes donnèrent une façade à deux étages d'ordres, qui traduit bien ce plan ramassé. Le plan et la façade du Gesù auront un retentissement considérable dans toute la chrétienté, sans présenter un caractère exclusif, même chez les jésuites. Le plan basilical, à plusieurs nefs, pour être plus rare, n'est pas abandonné; enfin, principalement pour des églises moins vastes, les architectes se complaisent dans des plans plus complexes, ovales, circulaires, en croix grecque, cherchant à tirer de combinaisons inédites des effets imprévus.

Le palais fermé comme une forteresse, rassemblant un quadrilatère autour d'un *cortile*, que Rome avait hérité de Florence, et dont Antonio da Sangallo le Jeune, au siècle précédent, avait donné le plus bel exemple dans le palais Farnèse, reste le plus souvent en usage, ses façades se revêtant d'un décor baroque; le plan articulé du palais

3 Plan de l'église du Gesù, Rome. Dessiné par Vignole, le plan du Gesù de Rome, commencé en 1568, est une synthèse du plan central, marqué par l'importance de la coupole, et du plan basilical, mais réduit à une nef, les bas-côtés étant remplacés par des chapelles.

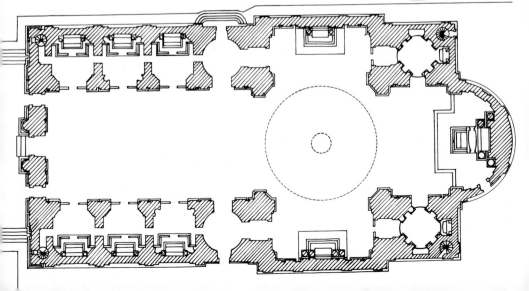

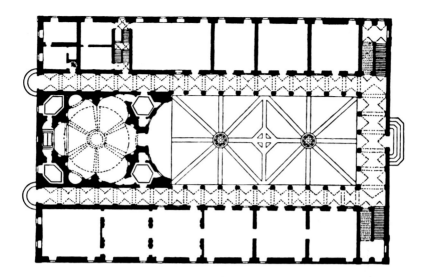

4 Plan de Sant'Ivo della Sapienza (inscrit dans un quadrilatère du XVIᵉ siècle), Rome. Francesco Borromini aime les rebondissements de courbes et de contre-courbes et multiplie les variations spatiales, atteignant ainsi une grande richesse d'expression architecturale, même dans des dimensions médiocres.

Barberini à Rome, où le bloc se trouve démembré pour être profilé en « H », qui est dû sans doute au Bernin, reste une exception.

L'habitation au milieu de la nature, héritée de la *villa* antique, avait donné ses plus belles expressions au cours du XVIᵉ siècle, où elle avait été une des créations principales de l'esprit maniériste, la maison, ou *casino*, se trouvant faire face à un jardin en terrasses dont le programme figuratif et allégorique symbolisait l'association du prince et des forces de la nature; ce thème architectural se poursuit au XVIIᵉ siècle; on tend à donner au *casino* une allure plus monumentale, et le monde de la statuaire s'accroît parfois aux dépens de la nature; les plus belles de ces villas sont situées près de Rome, à Frascati, lieu de séjour déjà fréquenté par les anciens.

Parmi les nombreux monuments répondant à des programmes divers qu'a édifiés l'Italie du XVIIᵉ siècle, la forme la plus originale élaborée par elle est sans doute le théâtre. Palladio, à la fin du siècle précédent, en avait donné le modèle, renouvelé de l'odéon romain, dans le *théâtre olympique* de Vicence, conçu pour jouer le répertoire des pièces antiques. Cette forme évolue pour s'adapter aux spectacles de l'opéra qui exigent de vastes scènes, se prêtant à des transformations à vue des décors, qui deviennent à la mode, et pour assurer un plus grand confort aux spectateurs, répartis dans des loges se superposant en galeries autour de l'hémicycle. Rome, du temps du Bernin, développera la scène pour accueillir la machinerie nouvelle, et c'est à Venise que furent créées les loges.

Terre de bâtisseurs, l'Italie a vu éclore, au XVIIe siècle, un grand nombre d'architectes de talent, dont beaucoup sont issus de la région des lacs lombards qui, depuis le Moyen Age, avait fourni à toute l'Europe des spécialistes du bâtiment; ils viennent à Rome où les attire la fièvre de la bâtisse qui y règne. Dans la Ville éternelle, le siècle

5 Façade du palais Barberini, Rome. L'élévation de cette façade est empruntée à la cour du palais Farnèse de Sangallo, mais ce thème classique de la superposition des ordres a été baroquisé par une ornementation plus riche et un illusionnisme perspectif.

6, 7 Façades de Sainte-Suzanne et de San Carlo alle Quattro Fontane, Rome. La façade de Sainte-Suzanne de Rome dérive de celle du Gesù que Carlo Maderno enrichit d'un décor plus somptueux, mais il garde la rectitude des élévations du classicisme, avec lesquelles Borromini rompt à San Carlo alle Quattro Fontane par le jeu des courbes et des contre-courbes.

s'ouvre avec Carlo Maderno – un Lombard (1556-1629) – qui cons- 6
truit la nef de Saint-Pierre; pendant près d'un demi-siècle, le Bernin 11
(1598-1680) fera régner son style qui vise aux effets de grandeur, obte-
nus par la distribution claire de masses puissantes, et, dans les intérieurs, par la richesse de l'ornementation polychrome.

Le peintre Pierre de Cortone (1596-1669), s'adonne aussi à l'architecture, surtout dans la dernière partie de sa vie, et élève la plus élégante coupole de Rome, celle de San Carlo al Corso; Carlo Rainaldi
(1611-1691) prolonge l'esprit berninesque qu'avait combattu, du
vivant même du Bernin, l'architecte Francesco Borromini (1599-1667),
auteur de la charmante église San Carlo alle Quattro Fontane et du 7
collège de la Sapienza. Borromini renonce aux effets de puissance 4

19

calme du Bernin pour un style dramatique, qui veut exprimer dans l'architecture le mouvement ; il multiplie les courbes et les contre-courbes, complique la distribution des espaces, et n'hésite pas à transgresser les règles des ordres antiques, appliquées respectueusement par le Bernin, créant des proportions et des ornements inédits. Mais, dans les intérieurs, il renonce à l'ornementation polychrome pour les stucs blancs, tirant ainsi ses effets des seules ressources de la plastique architecturale. Sur les exemples donnés par Rome, l'architecture baroque se développe dans toute l'Italie, où elle tend à exagérer les principes d'exubérance plastique et décorative aux dépens de cette puissance expressive des masses et des ensembles, à quoi tenait particulièrement le Bernin. À Venise, Baldassare Longhena (1598-1682), qui édifia l'église de la Salute et le palais Pesaro, adapte le baroque au style décoratif créé dans la ville au siècle précédent. Enrichie de nombreux monuments par la Renaissance et l'époque maniériste,

8 Palais Pesaro, Venise, par Baldassare Longhena. L'élévation de ce palais montre l'introduction à Venise du thème du palais romain à ordres superposés, mais enrichi d'un décor sculpté à la manière vénitienne.

Florence, au XVIIᵉ siècle, construit peu ; Naples, au contraire, se peuple de monuments baroques, églises, palais, couvents. À la Certosa di San Martino, Cosimo Fanzago (1591-1678) suit encore certaines données de la Renaissance dans le cloître et se montre résolument baroque dans l'église ; en Sicile et à Naples, le décor de marbre des églises est plus choisi que dans tout le reste de l'Italie et consiste en marqueteries reproduisant des compositions ornementales. L'influence de l'Espagne, qui politiquement domine l'Italie du Sud, tend à entraîner les architectes de la Sicile vers un style monumental, surchargé de moulures et d'ornements figurés ; ce style connaît sa plus grande magnificence à l'extrême sud, dans la ville de Lecce, où Giuseppe Zimbalo édifie plusieurs monuments foisonnant d'ornementation ; il se développera en Sicile dans les villes réédifiées après le tremblement de terre de 1693 qui détruisit une partie des cités de l'est de l'île.

D'une façon générale d'ailleurs, tandis que l'architecture romaine se cristallise dans un formalisme berninesque, c'est dans les régions marginales de l'Italie, notamment à Turin, que se poursuit l'esprit d'invention. Quand il arrive à Turin en 1666, le Père théatin Guarino Guarini (1624-1683), originaire de Modène, a déjà donné les plans de plusieurs églises pour Messine, Lisbonne, Prague, Paris ; à Turin, il édifie la chapelle royale de la Santa Sidone (Saint-Suaire), San Lorenzo, le palais Carignano. Guarini prolonge l'esprit de l'architecture dramatique de Borromini ; il donne sa préférence aux plans centraux et aux formes circulaires, et même lorsqu'il emploie un plan à nef allongée, il l'anime avec des travées de forme ovale. Épris de géométrie et de mathématique, il multiplie les plans sécants, les rebondissements des courbes et des contre-courbes, et sous-tend les voûtes par des combinaisons d'arcs entrecroisés qui rappellent le gothique et l'architecture musulmane. L'architecture, pour Guarini, doit être expressive ; à la Santa Sidone (Saint-Suaire), il obtient un effet symbolique, adapté à cette chapelle sépulcrale où l'on vénère le linceul du Christ, en distribuant mystérieusement la lumière. Diffusée par divers

9 L'église Santa Croce de Lecce, bâtie par Riccardo, façade de Giuseppe Zimbalo. La cité de Lecce dans les Pouilles montre le premier exemple d'une ville tout entière traitée comme une immense scénographie, thème baroque qui devait être repris dans les villes construites dans l'est de la Sicile après le tremblement de terre de 1693.

ouvrages, l'architecture du Père Guarini, qui contient tous les principes du rococo, aura une grande influence au siècle suivant en Europe centrale.

LA SCULPTURE

Les arts figuratifs de l'époque baroque, notamment en Italie, sont commandés par une esthétique qui considère l'art comme un moyen d'exprimer les passions de l'âme. La psychologie a fait des progrès considérables au XVIIᵉ siècle, et le problème des passions a préoccupé plusieurs philosophes. Des biologistes ont posé les premiers principes de la physiognomonie ; plusieurs artistes ou critiques ont conçu des traités d'expression ; l'un des plus célèbres fut celui du peintre français Charles Le Brun ; ces traités indiquent comment rendre par les

10 Grâce aux interactions de plans, à la modulation des espaces, le Père Guarini traite l'intérieur d'une église comme un thème musical. Dans la coupole de San Lorenzo de Turin, il affirme son admiration pour l'architecture musulmane qu'il a étudiée en Sicile.

moyens de l'art les différentes passions: l'amour, la souffrance, la colère, la tendresse, la joie, la fureur, l'ardeur guerrière, l'ironie, la crainte, le mépris, la frayeur, l'admiration, la tranquillité, le désir, le désespoir, la hardiesse, etc. Tous ces sentiments doivent toujours être montrés à leur paroxysme, ce qui aboutit aux déchaînements de passion du théâtre racinien. Ces mouvements de l'âme s'extériorisent par les mouvements du corps et du visage, c'est-à-dire par l'action. La manifestation des états de sainteté eux-mêmes prend les dehors d'un transport passionné. Le saint de l'époque baroque est un confesseur de la foi; il la prouve par la parole, par le martyre ou l'extase. La mission apologétique imposée à l'art religieux contribue à faire de la sculpture, comme de la peinture, une véritable rhétorique. Ces rôles d'acteur que les artistes donnent à leurs personnages, ils en ont constamment sous les yeux des exemples dans l'opéra, où viennent converger toutes les formes d'art, musical, plastique et dramatique, et qui peut être considéré comme l'art majeur de ce temps, celui d'où découlent tous les autres, même l'architecture, car bien des effets monumentaux ont été d'abord essayés au théâtre avant d'être réalisés dans la pierre. Les artistes cherchent aussi – particulièrement les sculpteurs – à justifier les principes de cette rhétorique par les modèles de la basse Antiquité, retrouvés dans les fouilles et qu'ils ne cessent d'étudier, de mesurer pour en retrouver les secrets. Il ne faut pas oublier que presque tous les sculpteurs de ce temps, y compris le Bernin, ont été des restaurateurs de statues antiques, et la restauration qui, à cette époque, visait à restituer l'œuvre complète, comprenait une large part d'interprétation. Le groupe statuaire du Laocoön, dû à des sculpteurs rhodiens du Ier siècle, qui avait été retrouvé dans une vigne de Rome en 1506, continue à exercer sur les sculpteurs un attrait magique; il est considéré comme l'exemple le plus parfait qui ait jamais été réalisé de la manifestation de la douleur, donc la forme la plus sublime de l'expression, et il inspirera même les attitudes des martyrs et jusqu'au visage du Christ mourant.

La prodigieuse facilité du Bernin lui a permis d'accumuler une œuvre statuaire considérable, tout en œuvrant à ses travaux d'architecte et en écrivant des opéras. Luttant avec la peinture, il a voulu rendre le marbre frémissant; il a exprimé toute la gamme des passions, de la brutalité guerrière (*David*) à l'extase (*Transverbération du cœur de sainte Thérèse* à Santa Maria della Vittoria, Rome), tandis que dans l'*Apollon et Daphné*, il s'est montré capable de figurer le moment où, dans un cri suprême expirant son âme, la nymphe se voit métamorphosée en laurier. Il donne à ses portraits en buste la mobilité de la vie (buste du cardinal Scipion Borghèse, galerie Borghèse, Rome), tandis que dans son *Louis XIV* (Versailles) il crée l'image sans doute

11 Vue générale de la basilique Saint-Pierre, Rome. Tout l'effet perspectif de la nef de Saint-Pierre, édifiée par Maderno et décorée par le Bernin, converge vers le baldaquin, et derrière celui-ci vers la gloire d'or rayonnant de la chaire de l'apôtre.

24

12 Le Bernin, *Extase de sainte Thérèse*, Santa Maria della Vittoria, Rome. Depuis Salomon de Brosses, Français qui au XVIIIᵉ siècle écrivit une relation de voyage en Italie, on interprète l'*Extase de sainte Thérèse* du Bernin comme une expression profane de la volupté, alors que l'artiste a su montrer comment, sous l'irruption de l'Esprit divin, le corps de la sainte est soudain privé de vie; toute la chapelle où se trouve cette composition est organisée comme un espace scénique.

la plus éloquente de la souveraineté royale. Dans ses tombeaux d'Urbain VIII et d'Alexandre VII à Saint-Pierre, il anime d'une force dramatique nouvelle le thème de la mort.

14 L'œuvre de Francesco Mochi (1580-1654) est plus rare, mais très originale et se distingue de celle du Bernin par un certain raffinement qu'il conserve du maniérisme (portraits équestres d'Alexandre et de Ranuccio Farnèse à Plaisance). Alessandro Algardi (1595-1664) se laisse moins entraîner par son tempérament que le Bernin dont il est le contemporain; sa manière est plus directement inspirée de 15 l'Antique. Le Flamand Francesco Duquesnoy (1594-1643) introduit dans cette agitation baroque une note tempérée qui le fait proche de l'expression classique. La fin du siècle voit le berninisme se cristalliser en un formalisme pratiqué par des artistes habiles et sans génie.

13 Le Bernin, buste du cardinal Scipion Borghèse, Galerie Borghèse, Rome. Du cardinal Scipion Borghèse qui fut son premier protecteur, le Bernin a sculpté une effigie saisissante de vie. Il transforme profondément le portrait en buste, qui sous la Renaissance tendait à représenter le personnage figé dans une sorte d'immortalité ; il montre le modèle dans toute la vivacité de l'action.

LA PEINTURE

Dans les dernières années du XVIᵉ siècle et les premières du siècle suivant s'accomplirent à Rome deux grandes œuvres dont on peut dire sans exagération qu'elles sont les deux piliers sur lesquels repose la peinture européenne du XVIIᵉ siècle : les fresques du plafond de la galerie d'Hercule par Annibale Carrache au palais Farnèse (1597-1604), les grandes toiles à l'huile représentant l'*Histoire* et le *Martyre de saint Matthieu* peintes par le Caravage pour la chapelle Contarelli à Saint-Louis-des-Français, entre 1597 et 1602.

Imbus du préjugé classique, les historiens d'autrefois opposaient le Caravage aux Carrache, pour en faire un révolté, un destructeur de la peinture, comme disait déjà Poussin. En fait, le Caravage est autant un constructeur que les Carrache, et il faut se garder de faire

14 Francesco Mochi, *Sainte Véronique*, basilique Saint-Pierre de Rome. 15 Francesco Duquesnoy, *Sainte Suzanne*, Santa Maria di Loreto, Rome. La *Sainte Véronique* de Mochi est typique de l'esthétique baroque, qui représente les sentiments et les passions par le mouvement et l'action : elle contraste avec le calme classique de la *Sainte Suzanne*.

rejaillir sur son œuvre le récit de sa vie de forcené, traqué par la police ; notre époque, qui l'a remis en valeur, aurait tendance à en faire un de ces peintres maudits, rejetés par la société, en lesquels elle verrait trop volontiers les plus grands génies. En réalité, si quelques clercs furent effarouchés par certains de ses tableaux trop novateurs qu'ils rejetèrent, le Caravage fut admiré par les artistes et les amateurs de son temps comme un grand inventeur ; quand ses tableaux furent refusés par des églises, il se trouva tout de suite des mécènes pour en faire l'acquisition.

Le Caravage (1573-1610) est un peintre de tempérament ; l'acharnement qu'il mit à repeindre plusieurs fois la *Vocation* et le *Martyre de saint Matthieu*, pour conquérir son style dramatique, atteste une

16

28

manière empirique et impulsive ; mais il est faux qu'il ait voulu entrer en rupture avec ce qui l'avait précédé, qu'il ait voulu détruire l'esthétique de la Renaissance, comme on le croyait autrefois ; les nombreux emprunts faits par lui-même à l'antique, à Savoldo, à Michel-Ange et à Raphaël même prouvent le contraire. L'action du Caravage n'est pas négative : ce qu'il a voulu, c'est restituer aux figures inconsistantes du maniérisme toute leur densité corporelle ; il agit de même manière que Giotto sortant du byzantinisme et Masaccio du gothique ; faire du corps humain l'unique objet de la peinture selon la véritable tradition italienne et méditerranéenne, tel est son but ; dans toute la peinture italienne, nul ne poussera plus loin cet anthropomorphisme, allant jusqu'à supprimer totalement dans un tableau tout ce qui n'est pas la présence humaine. Les peintres de la Renaissance avaient recherché

16 Le Caravage, la *Vocation de saint Matthieu*, Saint-Louis-des-Français, Rome (détail). Peinte (avant le *Martyre*) dans la chapelle Contarelli, la *Vocation de Saint Matthieu*, qui, à l'échelle monumentale, représente une scène de tripot, est comme un adieu du Caravage à sa première manière « mondaine ».

la définition du corps humain au moyen d'un éclairage unitaire qui en mettait en valeur toutes les faces ; ils procédaient par la lumière, et l'ombre n'était pour eux que le moyen de faire valoir la clarté ; héritiers de cette tradition, les maniéristes avaient fini par faire de leurs figures de pâles fantômes. Le Caravage part de l'ombre ; c'est dans l'ombre qu'à coups de lumière il découpe ses corps athlétiques et plébéiens ; son système d'éclairage latéral violent fait saillir muscles et volumes dans un espace sans profondeur, qui n'a de réalité que par la présence humaine. Pour retrouver dans toute sa force cette présence corporelle, évanouie dans la déliquescence du maniérisme, il va la rechercher là où elle a toute sa puissance élémentaire, dans le peuple, ce que faisaient d'ailleurs aussi les Carrache, mais d'une façon plus tempérée. Les histoires sacrées qu'il doit peindre sont donc jouées par des personnages populaires ; il revient en quelque sorte à l'esprit des Évangiles, et ce populisme sanctifiant, qui considère que les humbles sont plus proches en esprit de la vérité, animera toute une part – la plus profonde – de la peinture religieuse au XVIIᵉ siècle. Tous les personnages du Caravage sont associés entre eux par des relations dramatiques qui mettent en cause tous les problèmes de la vie, de la douleur et de la mort. Il découle de cette peinture un sentiment profondément pessimiste de la destinée humaine, et l'on comprend que l'art du Caravage ait ouvert les voies à cette exploration anxieuse de l'âme qui a tenté bien des peintres au cours du XVIIᵉ siècle.

Tandis que le Caravage violentait ses toiles de la chapelle Contarelli, Annibale Carrache (1560-1609), aidé par son frère Agostino (1557-1602), peignait en couleurs légères et joyeuses sur le plafond de la galerie d'Hercule du palais Farnèse les histoires des dieux et des déesses, empruntées aux *Métamorphoses* d'Ovide. L'un se débattait avec le drame essentiel de la destinée humaine ; l'autre se laissait aller à exprimer ces rêves olympiens, à quoi se complaisaient les princes humanistes de ce temps au mode de vie inimitable. De cette galerie Farnèse, on peut dire que découle toute la peinture décorative qui

17 Annibale Carrache, *Mercure remet à Pâris la pomme d'or des Hespérides*, fresque de la Galerie Farnèse, Rome. La décoration de cette galerie, au palais Farnèse, entre 1597 et 1605, est la source de toute la peinture mythologique du XVIIᵉ siècle.

va se répandre sur les murs des palais romains, et bientôt ceux de l'Europe, et faire de la demeure princière un lieu irréel, un cadre enchanté.

Le style de la galerie Farnèse est emprunté aux « meilleures sources », celles de la Renaissance, c'est-à-dire à Michel-Ange et à Raphaël, que les Carrache unissent dans une synthèse dont ils ont le secret. C'est par l'étude des maîtres en effet – ceux de l'Antiquité comme ceux de l'époque moderne – que les Carrache sont parvenus à dominer le maniérisme, à retrouver le sens des compositions ordonnées, l'aisance et la vérité du jeu des acteurs. Mais cette méthode imitative,

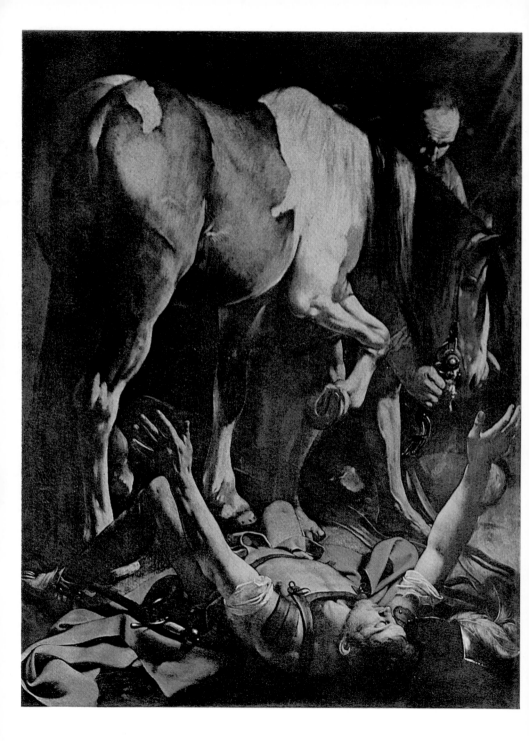

ils la fécondent par l'étude de la nature, allant comme le Caravage jusqu'à recourir aux modèles populaires. Afin de remédier à la décadence de la peinture, Annibale, Agostino et leur cousin Ludovico (1555-1619) fondent à Bologne, en 1585, l'Accademia degli Incamminati, où l'enseignement repose sur l'étude des maîtres, de l'anatomie et du modèle vivant. Le plus doué des Carrache est Annibale ; la vigueur d'un tempérament réaliste le pousse parfois à des expressions populaires, proches de celles du Caravage ; il pose aussi les principes qui seront ceux du paysage classique. Ludovico se distingue par 19 une sensibilité plus tendre et plus mystique. Tandis qu'ils créaient à la galerie Farnèse le parangon de la peinture mythologique, les Carrache constituaient le type du tableau d'autel – qui, repris à Raphaël, durera jusqu'à Ingres – séparé en deux parties, le monde céleste et le monde terrestre qui dialoguent entre eux par tous les moyens d'une rhétorique sacrée. Dans la première moitié du XVIIᵉ siècle, Bologne et Rome sont étroitement unies, les artistes vont de l'une à l'autre ville et les principaux peintres qui œuvrent à Rome sont issus de la capitale de l'Émilie. L'artiste le plus représentatif de la formation bolonaise est Guido Reni (1575-1642), dont l'art d'un baroquisme 20 tempéré a pu être qualifié de « classicisme baroque ». Le Dominiquin 21 (1581-1641), au contraire, penche nettement vers le classicisme, montrant ainsi la voie à Poussin. On s'est aperçu, en effet, que la peinture romaine de cette époque ne s'adonne pas entièrement au baroquisme, et que le classicisme – qui suscite d'ailleurs des théoriciens – n'est pas représenté seulement par des artistes français, Poussin et Claude Lorrain, qui ont élu domicile à Rome pour se trouver en contact étroit avec l'Antiquité ; la transformation que les artistes font subir à l'antique ne doit pas faire oublier que le rejoindre est le constant objet de leurs préoccupations, qu'ils soient classiques ou baroques.

18 *La Conversion de saint Paul à Damas*, Sainte-Marie-du-Peuple, Rome. À la chapelle Cesari de Sainte-Marie-du-Peuple, où il peint la *Conversion de saint Paul* (ci-contre) et la *Crucifixion de saint Pierre*, le Caravage est en pleine possession de son génie : jouée par des hommes et non plus par des acteurs, la scène prend un caractère d'intense réalité.

19 Ludovico Carrache, la *Madonna des Bargellini*, Pinacothèque de Bologne. Ludovico Carrache emprunte sa composition baroque à des tableaux de Titien, auxquels il ajoute un registre céleste qui vient fort heureusement meubler la partie supérieure de la composition. La « sainte conversation » de la Renaissance, où tous les personnages étaient immobiles, est devenue une conversation animée, où les hommes et les saints sont admis dans la familiarité des personnages sacrés.

Rome, qui devient de plus en plus un lieu de passage obligatoire pour les artistes de l'Europe entière, est alors pleine d'« antiquaires », érudits et collectionneurs d'objets anciens, prédécesseurs de nos archéologues, dont les artistes étudient les collections ; le plus fréquenté de ces musées d'antiques est celui de Cassiano del Pozzo qui est le point de rencontre d'artistes aussi différents que Poussin et Pierre de Cortone. Les gracieuses évocations mythologiques de l'Albane (1578-1660) relèvent également de ce courant classique, tandis qu'un autre Émilien, le Guerchin (1591-1666), transfuge en quelque sorte de l'académisme bolonais, subit l'influence du Caravage.

Le style du Caravage est aussitôt imité, à Rome même, par toute une légion d'artistes, venus de diverses régions de l'Italie (mais non de Bologne) et aussi du nord de l'Europe ; on les a appelés les *tenebrosi*. Pour peu nombreuse qu'elle ait été, l'œuvre du Caravage – dont la production fut bornée à une vingtaine d'années – ouvrait des possibilités très diverses, voire contradictoires.

Bartolommeo Manfredi (v. 1580-1620), reprenant certains sujets du maître, crée la peinture de genre, montrant des scènes de tavernes avec des figures grandeur nature ; les deux artistes qui illustreront le mieux cette manière sont Le Valentin, Français qui, venu à Rome, y séjournera jusqu'à sa mort, le Hollandais Terbrugghen, qui rapportera ce style à Utrecht où il suscitera toute une école. Sous l'influence du Hollandais Pieter Van Laer, surnommé Il Bamboccio – le Poupard – ceux qu'on a appelés les *bamboccianti* (parmi eux, Michelangelo Cerquozzi, 1602-1660) font évoluer le genre dans le sens des scènes de plein air à petits personnages.

D'autres artistes ont approfondi la portée humaine, contenue dans la peinture du Caravage, tels Orazio Gentileschi (v. 1565-1638), Carlo 22 Saraceni (v. 1580-1620), Giovanni Serodine (1600-1631) ; celui qui, dans des tableaux uniquement religieux, approche le plus de la grandeur monumentale du Caravage est le Napolitain Giovanni Caracciolo (v. 1570-1637), dit Il Battistello. 23

20 Guido Reni, *l'Aurore*, Casino du palais Pallavicini, Rome. Cette composition de Guido Reni, qui décore un plafond, est composée en frise comme si elle était peinte sur un mur ; l'artiste se montre rebelle aux recherches d'espace qui à la même époque passionnent Lanfranco, Giovanni Battista Gaulli et Pierre de Cortone.

Au cours du XVIIᵉ siècle, un véritable fleuve de formes, d'allégories, d'histoires profanes ou sacrées, se déverse sur les murs, les voûtes ou les plafonds des palais et des églises de Rome et d'autres villes d'Italie. Le plus génial de ces peintres décorateurs est Pierre de Cortone (1596-1669), dont on peut dire qu'il a le mieux incarné la joie de vivre de l'époque baroque au plafond du Grand Salon du palais Barberini (1633-1639), et mieux encore dans les fresques du palais Pitti à Florence (1641-1646). Imitateur de la couleur claire et généreuse des Vénitiens, Pierre de Cortone est en quelque sorte le Rubens italien.

Tout au long du siècle se développe lentement l'art de la peinture plafonnante, qui consiste à donner l'illusion, pour le spectateur situé au sol, qu'il est dominé à la verticale par tout un monde de figures volantes, s'agitant au-dessus de lui dans un palais imaginaire, ou en

21 Le Dominiquin, *Diane chasseresse*, Galerie Borghèse, Rome. Le calme de la composition, la pudeur avec laquelle sont peints ces nus indiquent un sentiment de réserve qui dénote un esprit tourné vers le classicisme.

22 Orazio Gentileschi, *Sainte Cécile, saint Valérien, saint Tiburce et un Ange*, Pinacothèque Brera, Milan. Ce tableau est typique du raffinement de sentiment dont était susceptible le caravagisme; le mouvement en spirale de la composition, qui traduit si bien l'aspiration vers le ciel, est toutefois un facteur baroque, étranger à l'art de Caravage lui-même. Né à Pise, Gentileschi se forma à Rome mais travailla dans les Marches, à Gênes, à Paris et même à Londres. Sa fille Artemisia, quant à elle, prolongea son style à Naples.

plein ciel. Ce genre de la peinture dans l'espace qui, par ses données, est essentiellement d'esprit baroque, s'épanouit surtout dans les églises, dont la vastitude se prêtait mieux aux effets perspectifs que les dimensions trop restreintes des salles des palais. Le Dominiquin, Lanfranco, Pierre de Cortone, Giovanni Battista Gaulli, illustrent les principales étapes de cet art qui connaît son apogée avec le Père Pozzo (1642-1709). Ce père jésuite, auteur de divers traités de perspectives, réalise dans le plafond de Saint-Ignace de Rome, représentant la *Gloire de saint Ignace* (1691-1694), le chef-d'œuvre de cet illusionnisme. 25

Déchues du rôle de pilotes qu'elles avaient eu autrefois, les cités de province italiennes gardent vis-à-vis de l'art romain, dont elles reçoivent les informations, une position très indépendante. Certains artistes comme Cristoforo Allori (1577-1621), ou Carlo Dolci (1616-1686) à Florence, Sassoferrato (1609-1685) à Bologne, se réfugient dans un archaïsme qui paraît ignorer le cours du temps. A Bergame, Evaristo Baschenis (1607-1677) peint des natures mortes d'instruments de musi- 26 que, fondées sur des données encore maniéristes. À Venise se rencontrent des artistes venus de diverses régions d'Italie, et même de l'étranger, qui pratiquent avec bonheur la sensualité colorée qui avait été le propre de cette ville ; le Génois Bernardo Strozzi (1581-1644), 27 le Romain Domenico Fetti (v. 1589-1623), l'Allemand Giovanni Liss 28 (mort en 1630) s'y trouvent entre 1621 et 1644. Le meilleur coloriste est un peintre de Vicence, Francesco Maffei (1600-1660), tandis que Sebastiano Mazzoni (1611-1678) donne à ses œuvres une allure caricaturale qui le relie au romantisme dont les autres écoles d'Italie sont alors éprises.

Ce romantisme peut être considéré comme un refus du vitalisme baroque, qu'avaient créé les Bolonais et les Romains ; il se traduit

23 Giovanni Caracciolo dit Il Battistello, *la Libération de saint Pierre*, Église del Monte della Misericordia, Naples. Celui qui comprend le mieux la portée humaine de l'art de Caravage fut à Naples le Battistello ; il est le peintre qui a le mieux assimilé sa gravité, son ascétisme, y ajoutant une note personnelle d'émotion contenue.

24 Pierre de Cortone, *l'Âge d'or*, Palais Pitti, Florence. Pietro Berettini, dit Pierre de Cortone, est à Rome l'artiste baroque par excellence. Par son coloris clair, par la joie de vivre qu'expriment ses tableaux, mythologiques et religieux, il fait penser à Rubens.

25 Padre Andrea Pozzo, *la Gloire de saint Ignace*, Saint-Ignace, Rome. Fait pour être vu d'un point situé au centre de la nef, que marque une pierre blanche, le plafond peint par le Padre Pozzo à Saint-Ignace de Rome donne l'illusion d'un palais ouvrant sur le ciel.

26 Evaristo Baschenis, *Nature morte*. Palais Moroni, Bergame. Le peintre de Brescia Evaristo Baschenis a arrangé en compositions autonomes, pour en faire des natures mortes, les instruments de musique qu'aimaient déjà les peintres vénitiens de la Renaissance.

27 Bernardo Strozzi, *la Cuisinière*, Palazzo Rosso, Gênes. Le réalisme de Bernardo Strozzi, quand il représente cette scène de cuisine, peut avoir été stimulé par l'exemple des peintres flamands.

28 Domenico Fetti, *la Mélancolie*, Musée du Louvre, Paris. La *Mélancolie* de Domenico Fetti est au XVIIe siècle ce qu'est pour le XVIe siècle la célèbre gravure d'Albert Dürer. Celle-ci est une élévation de l'esprit prenant conscience de son impuissance à atteindre la connaissance de la réalité; plus humble et plus chrétienne, la figure de Fetti médite sur la mort et sur le salut de l'âme.

par une préférence pour les sujets triviaux, dramatiques ou sanglants, et par un goût pour la peinture sombre. Plus ou moins issu du caravagisme, ce ténébrisme provincial est dans son principe fort différent de celui du maître, car il a pour propriété de diluer dans la nuit les formes dont le Caravage exaltait au contraire la densité. À Milan, Francisco del Cairo (1607-1665), Il Morazzone (1573-1626), Giovanni Battista Crespi (1575/1576-1632), dit Il Cerano, Daniele Crespi (v. 1598-1630), enveloppent d'une nuit épaisse toutes leurs compositions. À Gênes, où ont résidé Van Dyck et Rubens, le contact avec la peinture flamande engendre un pathos pictural assez confus que domine le talent de l'abbé Bernardo Strozzi (1584-1644). L'école la plus vivante et la plus prolifique est celle de Naples. Elle puise

29
30

27

29 Morazzone, *Saint François en extase*. Castello Sforzesco, Milan. Le ténébrisme du Lombard Morazzone est fort différent de celui du Caravage qui se sert des oppositions d'ombre et de lumière pour affirmer la diversité des formes. Les personnages de Morazzone sont des fantômes que l'artiste dispute à la nuit ; dans ce tableau, l'artiste a donné à saint François l'aspect d'un Christ souffrant, ce qui est conforme à la mystique séraphique.

30 Daniele Crespi, *le Repas de saint Charles Borromée*, Église de la Passion, Milan. Plusieurs écoles mystiques du XVIIᵉ siècle ont pratiqué un ascétisme rigoureux, fondé sur des exercices de pieuse méditation. Ici saint Charles Borromée n'interrompt pas sa lecture pendant son frugal repas, fait de pain et d'eau.

31 Salvator Rosa, *Vue d'un port*, Palais Pitti, Florence. Salvator Rosa a introduit le drame dans la vision de la nature, inventant une formule de paysage «romantique», qui aura une grande influence, notamment sur Gaspard Dughet.

directement ses origines dans l'art du Caravage qui y a séjourné et y a laissé quelques œuvres qui furent fort admirées. L'Espagnol José de Ribera (1591-1652), qui se fixe dans la cité parthénopéenne en 1616, apporte au caravagisme une âpreté, voire une cruauté, qu'il transmet à Mattia Preti (1613-1699).

L'école produit d'innombrables peintres d'histoire, de natures mortes, de batailles, de paysages, de scènes de genre. Un besoin d'évasion conduit deux Lorrains, dont les œuvres se confondent sous le nom de Monsù Desiderio, à peindre des visions architecturales fantastiques dans une atmosphère d'apocalypse. 32

Tempérament romantique, instable et révolté, auteur de violentes satires, Salvator Rosa (1615-1673) accorde sa vie au romantisme de 31
son art. Il innove en peignant des paysages sauvages qui influenceront à Rome Gaspard Dughet. Au XVIIᵉ siècle, l'école s'achève avec le

45

32 Monsù Desiderio, *la Destruction de Sodome*. Collection Sanfelice di Bagnoli, Naples. Le mystérieux Monsù Desiderio, qui peignait à Naples des paysages fantastiques, recèle en fait deux personnalités, deux Lorrains qui travaillaient dans le même atelier : Didier Barrat et Francesco de Nome.

33 confusionnisme de Luca Giordano (1632-1705), peintre éclectique, faussaire à l'occasion, auquel sa virtuosité valut le surnom de «Fa Presto».

LES ARTS APPLIQUÉS

Le mobilier italien présente un retard de près d'un demi-siècle sur l'évolution générale des styles; jusque vers les années 1660 les ébénistes restent attachés aux formes monumentales de la Renaissance, aussi bien dans le dessin des meubles que dans leur décor. Les types de meubles restent assez restreints; comme à l'époque maniériste, on aime prodiguer dans les cabinets les bronzes dorés, les colonnettes et les incrustations en marbres précieux.

Les décors intérieurs des palais romains sont faits de marbre et de stuc, et ces décors seront imités à Versailles, tandis qu'en Italie, à peu près au même moment, on se met à imiter les décors de boiseries dorées à la française, principalement dans le Piémont. Vers le même temps, les formes baroques de caractère végétal se greffent sur les structures qui restent architecturales ; à la fin du siècle et au début du suivant, notamment dans les consoles, ces grands remous de volutes d'acanthes constituent le meuble lui-même.

La surcharge du baroque se manifeste dans le meuble au premier tiers du XVIIIᵉ siècle ; elle est représentée par les Fantoni de Bergame (Andrea, 1659-1734), et Andrea Brustolon de Venise (1662-1732) 34

33 Luca Giordano, *Jésus chassant les vendeurs du temple*, Église des Gerolomini, Naples. Le Napolitain Luca Giordano, surnommé « Fa Presto », est un peintre virtuose qui imitait avec aisance les manières d'autres artistes et peignait avec une extraordinaire rapidité des compositions tumultueuses à multiples personnages.

35 Chapelle San Isidro à San Andrés, Madrid. La chapelle de San Isidro, édifiée par Pedro de la Torre le long de l'église San Andrés de Madrid, est un des premiers édifices espagnols où l'altération des formes classiques montre une orientation nouvelle vers le baroque.

à des formes maniéristes; les jésuites ont contribué à ce mouvement, Fray Francisco Bautista (mort en 1679) édifie en un style baroquisant le collège impérial de Madrid (San Isidro) et le collège de Tolède, tous deux en chantier vers 1630. L'Espagne élabore une forme propre: l'«église en forme de coffre», dont tous les éléments sont enfermés dans une enceinte rectangulaire. La mutation du maniérisme au baroque s'accomplit vers 1640 (chapelle San Isidro à San Andrés de Madrid, par Pedro de La Torre); mais les stucateurs andalous avaient déjà commencé à garnir les voûtes des églises d'un décor baroque. La baroquisation des façades se fait entre 1640 et 1670 par imitation en pierre des décors en bois des intérieurs. L'art du retable tend en effet à avoir un rôle de pilote; c'est vers 1660, à Compostelle et en Andalousie, que s'élabore le retable baroque avec colonnes salomoniques et décor à volutes d'acanthes. Alonso Cano (1601-1667), peintre et sculpteur, conçut le premier chef-d'œuvre du baroque espagnol avec la façade de la cathédrale de Grenade dont il dessina le projet

36 Alonso Cano, façade de la cathédrale de Grenade. Comparée à la chapelle San Isidro de San Andrés, la façade de la cathédrale de Grenade, dessinée l'année de sa mort par Alonso Cano, qui fut aussi peintre et sculpteur, montre la progression de l'esprit baroque : accentuation de la surcharge ornementale et des contrastes de formes, tendant à supprimer tout souvenir des ordonnances classiques.

l'année de sa mort. L'art baroque fleurit en pleine liberté vers 1680-1700. Il s'épanouira au XVIIIᵉ siècle, époque où l'Espagne ignorera la forme rococo.

LA SCULPTURE

Dans l'Espagne du XVIIᵉ siècle, les artistes nationaux ne pratiquent guère que la sculpture religieuse. Il en était déjà ainsi au siècle précédent, où Philippe II avait dû, pour l'Escorial, faire appel aux Milanais Leone et Pompeo Leoni. Lorsqu'il s'agit de fondre une statue équestre de Philippe IV, c'est à un Florentin, Pietro Tacca, qu'on a recours.

Mais les ateliers de sculpture polychrome en bois déploient une activité considérable, requise pour peupler les innombrables retables qui ne cessent de s'élever dans les églises espagnoles et pour créer les images saintes, objets de la dévotion des fidèles. Les œuvres sont peintes «au naturel», avec moins de richesse qu'au siècle précédent,

37 Juan Martínez Montañés, *Saint Ignace*, Chapelle de l'Université, Séville. Martínez Montañés a changé l'orientation de l'école sévillane de sculpture qui, à la fin du XVIᵉ siècle, pratiquait encore le maniérisme. Il lui a imprimé une tendance classique. Avec Zurbarán, il est l'artiste espagnol qui a le mieux exprimé l'état d'âme du saint, tout entier tourné vers la vie intérieure.

où il était fait un large usage de l'or. Les ateliers se concentrent autour de deux grands foyers, ayant chacun ses traditions, à Valladolid en Vieille Castille, à Séville en Andalousie. La sculpture polychrome à Valladolid avait connu toutes les agitations du maniérisme sous la forme de l'art nerveux d'Alonso Berruguete et de l'expressionnisme de Juan de Juní. L'art de Gregorio Fernández (v. 1576-1636) découle directement du maniérisme castillan du siècle précédent, mais il opère la mutation de ce maniérisme en baroque par un sens plus réaliste du pathétique, une conception plus large du rythme. Plus que

Berruguete et Juní, il isole la statue du retable auquel elle s'appuie, ce qui est très sensible dans les retables qu'il a dessinés lui-même et qui sont faits pour porter bas-reliefs et groupes statuaires. Gregorio-Fernández a surtout exprimé la souffrance de la Vierge ou du Christ dans un style passionné, vraiment baroque par l'intensité de la mimique et l'éloquence des gestes.

À Séville au contraire, Martínez Montañés (1568-1649) est un classique. Ses attitudes sont calmes, ses gestes sobres, l'expression est tout entière tournée vers la méditation et la vie intérieure. Même lorsqu'il représente le Christ en croix, il tempère l'expression de la souffrance

38 Gregorio Fernández, *Pietà*, Musée de Valladolid. Contrastant avec l'école sévillane, l'école de sculpture castillane est d'inspiration dramatique. À Valladolid, où Alonso Berruguete et Juan de Juní avaient fondé la tradition d'un art passionné, Gregorio Fernández fait évoluer directement en baroque cette tendance.

par celle de la beauté. Il faut dire que ses œuvres ont une qualité picturale que ne connaissent pas celles de Gregorio Fernández, et qui est due à la supériorité des peintres andalous sur ceux de la Castille. Montañés a aussi dessiné des retables dans un esprit classique.

La sculpture polychrome dégénère assez vite à Séville après Montañés; Pedro Roldán (1624?-1700) introduit dans le style sévillan le rythme baroque. Pedro de Mena (1628-1688), de Grenade, n'est plus qu'un producteur d'images de piété, d'un réalisme exagéré, accentué souvent par des habillages de théâtre; dans les rares statues dues à son ciseau, son maître Alonso Cano fait preuve de plus d'originalité et prélude au style gracieux du XVIIIᵉ siècle.

40 Alonso Cano, *l'Immaculée Conception*, Sacristie de la cathédrale de Grenade. Tandis qu'à Grenade Pedro da Mena inaugure le réalisme illusionniste des images de dévotion, Alonso Cano, dans les quelques statues qu'il sculpta, exprime un sentiment de féminité gracieuse que l'école poursuivra au XVIIIᵉ siècle.

39 (*À gauche*) Maître-autel de la Caridad, Séville. La sculpture sévillane, après Montañés, évolue vers un réalisme quelque peu déclamatoire. Au-dessus d'une *Descente de Croix*, Pedro Roldán a édifié, sur les dessins donnés en 1670 par Bernardo Simón de Pereda, un grand retable en bois doré qui eut une grande influence en Espagne et au Portugal, car il fut le premier à montrer un baldaquin.

LA PEINTURE

C'est à Séville que se concentre l'art de la peinture au XVIIᵉ siècle. Le «ténébrisme» a-t-il été introduit par les œuvres du Caravage, importées en Espagne, ou est-il une création autochtone? Il marque déjà à Valence l'art de Francisco Ribalta (1565?-1628), maître de José de

41 Ribera (1591-1652); ce dernier viendra s'établir à Naples – alors possession espagnole – où il se trouvera en contact direct avec le caravagisme dont il accentuera les effets d'une façon parfois assez artificielle; vers la fin de sa vie, son art se détend et connaît même l'expression de la féminité. Au XVIIᵉ siècle, deux tendances se croisent à Séville, l'une proprement picturale est représentée par Pacheco (1564-1654) et Francisco Herrera le Vieux (1576-1656). L'art de Fran-

42 cisco de Zurbarán (1598-1664), au contraire, est sous la dominante de la sculpture qui, dans le premier tiers du siècle, est l'art pilote à Séville grâce à Martinez Montañés. Les figures de Zurbarán sont conçues isolées comme des statues et leur modelé vigoureux évoque celui des sculptures sur bois. Le réalisme que pratique Zurbarán a en Espagne une portée mystique; il consiste à donner aux personnages sacrés des caractères individuels prononcés, mais ils apparaissent illuminés par une inspiration intérieure. La deuxième partie de la vie de Zurbarán voit la décadence du style issu de la sculpture, et l'artiste délaissé par le public cherche à s'adapter au nouveau style

43 pictural, en imitant Bartolomé Esteban Murillo (1617-1682). Aux austères élévations de Zurbarán, celui-ci oppose une piété plus aimable, faite pour séduire les foules. Il est parmi les Espagnols un des rares peintres qui se soient laissé aller à exprimer la douceur, la tendresse féminines. Juan de Valdés Leal (1622-1690) est le plus baroque de tous ces peintres; il pratique, comme certains Italiens, la «peinture de tempérament». Alonso Cano est plus conventionnel. Diego Rodríguez

44 de Silva y Velázquez (1599-1660), dont le père était portugais, s'est

---

41 Ribera, *Sainte Agnès en prison*, Musée de Séville. Ribera accentua jusqu'au masochisme la cruauté typique de l'école napolitaine; mais sa *Sainte Agnès* est imprégnée d'une douceur toute sévillane.

56

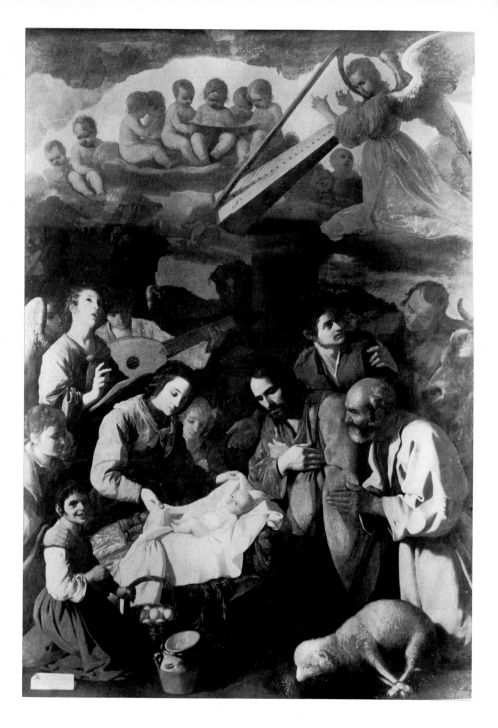

43 Murillo, *Éliézer et Rébecca*, Musée du Prado, Madrid. Murillo demande ses effets aux ressources du pinceau ; il dut se défendre de l'influence de Zurbarán avant d'adopter la manière moelleuse et suave qui fit son succès.

42 (*Page de gauche*) Zurbarán, *l'Adoration des bergers*, Musée de Grenoble. Le style monumental et ascétique de Zurbarán ne dérive pas des exemples du Caravage, mais de la tradition de la sculpture sévillane ; la familiarité avec laquelle il représente les saints sous les dehors de types populaires est propre à toute l'Europe du XVIIᵉ siècle.

formé à Séville où il est né. Bien qu'il ait été l'élève de Pacheco, il a d'abord pratiqué le style âpre imité de la sculpture dans des œuvres de caractère religieux, mais plus souvent satirique et réaliste, et où les natures mortes d'ustensiles culinaires (*bodegones*) tiennent une place particulière. Appelé à Madrid, où il devint le peintre de cour de Philippe IV, il change radicalement son style ; ne peignant plus guère alors que des portraits, il adopte une manière fluide, tout en nuances, où la forme insaisissable se fond dans une ambiance d'un gris indéterminé. De même que Frans Hals, son contemporain à Haarlem, il fait du mouvement des brosses le facteur essentiel de l'expression

44 Velázquez, *la Vieille Cuisinière*, National Gallery, Édimbourg. Nous savons par des témoignages contemporains que Velázquez, à ses débuts, s'inspira des rares tableaux du Caravage qu'il avait pu voir en Espagne, alliant ainsi le réalisme populaire au clair-obscur.

picturale; de ce maniement des fluides colorés, son pinceau, qui s'appuie à peine sur la toile, tire des évocations auxquelles il ne s'attarde pas et dont la présence semble incertaine. Dans ses portraits de Philippe IV, des dignitaires, des infants ou des infantes, il exprime ce sentiment profond de solitude qui est celle de l'âme espagnole, pour laquelle il n'est dans le monde d'autre réalité que celle de Dieu. Aux portraits de bouffons et de mendiants, où Murillo ne voyait que des motifs pittoresques, il donne un accent d'âpreté désenchantée. Nul artiste, sans doute, n'a possédé à un tel degré toutes les ressources de la peinture, les employant avec discrétion, dans une sûre économie de moyens, sans en faire étalage; atteignant toujours le ton juste, dans une sorte d'aisance souveraine, il dédaigne les effets trop voyants de la virtuosité.

60

45 Velázquez, *l'Infant Baltazar Carlos*, Musée du Prado, Madrid. Velázquez évolua de la manière sculpturale à la manière picturale. Ce portrait, où apparaissent les éléments d'un paysage, est une des effigies les plus aimables de ce peintre altier.

46 Juan Bautista del Mazo, *la Famille de l'artiste*, Musée de Vienne. Les élèves de Velázquez, comme son gendre Mazo, font évoluer sa manière raffinée vers un pathos pictural qui annonce celui de Goya.

C'est au contraire dans le sens d'une virtuosité quelque peu tapageuse qu'évolue la peinture castillane à la suite de Velázquez, notamment celle de Juan Bautista del Mazo, son gendre (v. 1612-1667), qui a collaboré parfois avec lui, de Carreño de Miranda (1614-1685) qui l'imite, ou de Claudio Coello (1642-1693) qui est plus personnel. L'art du frère bénédictin Juan Ricci (1600-1681), auteur de portraits et de tableaux religieux, se rapproche quelque peu de la manière italienne.

LES ARTS APPLIQUÉS

Les arts appliqués, si riches au XVIe siècle, connaissent une profonde décadence au XVIIe siècle, mais ils renaîtront avec vigueur au siècle suivant.

CHAPITRE TROIS

Le XVIIᵉ siècle dans les Pays-Bas du Sud

C'est à la trêve de 1609 que les Pays-Bas du Nord se sont politiquement séparés des Pays-Bas du Sud. Ceux-ci, comprenant les régions
de la Flandre, du Brabant et de la Wallonie, restent assujettis à l'Espagne qui est représentée par un gouverneur, généralement un archiduc. Dans la première moitié du XVIIᵉ siècle, ces gouverneurs sont
assez fastueux pour entretenir une cour à Bruxelles; l'archiduc Albert
d'Autriche et son épouse l'infante Isabelle, qui furent les premiers
gouverneurs du XVIIᵉ siècle, protégèrent Rubens, de même que leur
successeur. Néanmoins, le grand centre artistique n'est pas à Bruxelles, mais à Anvers. En 1648, la fermeture de l'Escaut réduira la puissance économique de la ville, mais dans le deuxième tiers du siècle,
sa richesse favorise l'existence d'un grand foyer d'art. Par son génie,
reconnu de toute l'Europe, Rubens y exerce une sorte de souveraineté de la peinture et assure à Anvers une place de premier plan dans
l'art baroque.

LA PEINTURE

L'étude de l'art flamand au XVIIᵉ siècle doit être abordée par la peinture et non par l'architecture; en effet, celle-ci a près d'un demi-siècle
de retard dans l'évolution sur ce qui se fait à Rome, centre de genèse,
tandis que la peinture est en avance. Le rythme baroque de la composition en mouvement que Rubens exprime avec aisance vers 1618

47 Rubens, *le Combat des Amazones*, Pinacothèque de Munich. Œuvre de Rubens encore jeune, ce tableau, peint vers 1618, montre l'artiste dans toute la fougue de son talent. La scène s'organise en tourbillon, ce qui est typique de la composition baroque. L'impétuosité du cheval, emporté dans la bataille, sert le tempérament passionné de l'artiste.

47 dans un tableau comme le *Combat des Amazones*, Pierre de Cortone, à Rome, dans le tableau qui est le plus comparable au précédent, l'*Enlèvement des Sabines*, n'y parvient qu'un peu plus tard (entre 1626 et 1631).

Rubens (1577-1640) s'est formé par un séjour de plusieurs années en Italie (1600-1609), au cours duquel il ne fut pas qu'un élève attentif, étudiant respectueusement les maîtres; il reçut en effet des commandes notables pour des églises et fut le premier peintre et conseiller artistique de Vincent II Gonzague, duc de Mantoue; c'est lui qui fit acheter à ce prince la *Mort de la Vierge* du Caravage, refusée par

64

l'église Sant'Anna dei Palafrenieri de Rome. Un tableau comme l'*Annonciation* de Fermo, exécuté entre 1606 et 1608, et dont plus tard il exécuta une autre version pour Saint-Paul d'Anvers, témoigne qu'il était en pleine possession de son art, quand il rentra dans le grand port de l'Escaut en 1609. Il frappa alors un grand coup en révélant, en 1613, l'*Érection de la Croix*, commandée en 1610 par l'église Sainte-Walburg (aujourd'hui la cathédrale d'Anvers). Il réédita cet exploit en peignant entre 1611 et 1614 la *Descente de Croix*, aujourd'hui conservée dans le même monument.

La peinture flamande était avant lui un art de cabinet qui se ressentait toujours de ses origines primitives, tableaux minutieusement peints pour être examinés de près par des amateurs. Lorsque les Flamands avaient à faire de grandes compositions, ils se contentaient d'agrandir les dimensions des tableaux de cabinet ; il en résultait ces personnages flottant dans ces compositions vides et inconsistantes, que l'on trouve chez les maniéristes. D'Italie, Rubens rapporte le sens de la composition monumentale avec des personnages grandeur nature, ou plus grands que nature, à l'échelle des vastes espaces dans lesquels elle s'inclut. Cette notion d'intégration d'une œuvre dans

48 Rubens, *Paysage, le Château de Steen*, National Gallery, Londres. À la fin de sa vie, l'art de Rubens tend vers la méditation. Il habite volontiers, dans les environs d'Anvers, un château d'où son regard se perd dans l'infini de la calme plaine flamande.

l'espace est essentiellement baroque, et, parmi les peintres, Rubens est celui qui l'a incarnée dans les œuvres les plus géniales. Ses tableaux ne sont pas des définitions autonomes de l'espace – comme le sont encore les tableaux des Italiens du *seicento* qui ne parviennent pas complètement à s'affranchir des concepts si solidement implantés par la Renaissance ; ils sont un moment de l'espace où nous vivons, traversé soudain par un drame qui se matérialise en formes et en couleurs ; à proprement parler, Rubens ne compose pas, ce qui suppose une opération analytique et déductive, suivie d'une synthèse ; son imagination crée d'un seul élan un organisme vivant, aux données multiples associées spontanément dans la relation nécessaire pour produire une *action*. L'admirable métier frémissant de Rubens n'est pas seulement une forme de sensualité, il est une expression dynamique ; d'une forme à l'autre, son pinceau va, sans jamais s'attarder, dans une sorte de remous, et de cette nébuleuse de couleur et de lumière, comme le montrent ses esquisses, peu à peu naît un monde. Rubens possède ce que n'ont pas les Italiens : le sens de la lumière. S'il a regardé attentivement les compositions bien équilibrées des Carrache, s'il a su apprécier la densité corporelle du Caravage, il rejette aussi bien l'éclairage abstrait des uns que l'opacité nocturne de l'autre. La lumière n'est pas chez lui un « éclairage » ; elle est la matière, le fluide même dont il imprègne ses couleurs ; et l'ombre, pour lui, n'est pas une absence de lumière comme chez les caravagistes : elle est une forme de vibration lumineuse, plus chaude, plus sourde, plus mysté-
48 rieuse. À son ascendance flamande, Rubens doit ce sens unique de la lumière, qu'il puise aux origines mêmes, dans l'art de Van Eyck auquel il emprunte les sortilèges du métier transparent, et personne d'autre après lui ne saura plus manier ce métier avec autant de bonheur, le pliant à ses propres desseins, en faisant un fluide généreux, propre à évoquer n'importe quelle forme du monde dans sa vérité vivante, c'est-à-dire dans ce perpétuel devenir qu'est la vie : animaux, arbres, plantes, montagnes menaçantes et vastes plaines aux ciels immenses, sages vieillards, héros musclés, enfants pulpeux comme des fruits,

et surtout ces êtres féminins dont la beauté charnelle incarne l'amour, la grande force créatrice universelle. Les Italiens promènent leur pinceau sur une surface qu'ils habillent de formes; Pierre de Cortone, l'Italien le plus proche de Rubens, dans ses tableaux les plus baroques, tels l'*Enlèvement des Sabines*, ou la *Bataille de Constantin*, mène son action latéralement, et conformément à la tradition de l'école, ces formes qu'il associe étroitement dans un mouvement unitaire, il les conçoit d'une façon statuaire. Rubens travaille une toile dans sa profondeur; il va et vient sans cesse d'arrière en avant et d'avant en arrière, fondant les premiers plans aux lointains dans l'unité de l'espace. C'est seulement dans la peinture plafonnante que les Italiens sont arrivés à exprimer l'espace; il leur a fallu la vastitude des nefs d'églises pour faire éclater le carcan du tableau; en cela, ils étaient bien dans leur tradition qui est celle de décorateurs monumenteaux. Il suffit des quelques pieds carrés d'une toile pour permettre à Rubens de suggérer un infini plus profond que celui créé par le Père Pozzo au moyen de tant d'artifices perspectifs. Là, Rubens était lui aussi dans la tradition de sa race, celle de Van Eyck qui inclut tout l'univers dans les quelques pouces carrés du paysage de la *Madone du Chancelier Rolin*, ou celle de Bruegel qui, dépassant Van Eyck même, unit le large et le profond dans l'espace rotatif de la *Pie sur le gibet*. Rompu par sa formation studieuse à tous les exercices de l'art, muni de ce stupéfiant métier qu'il a mis au point en quelques années après son retour d'Anvers, Rubens peut tout; il peut créer en trois ans (1622-1625) cette prodigieuse cadence monumentale de la galerie Médicis, orchestrer en quelques mois le *Triomphe de l'Infant Ferdinand* en 1635; il peut s'attarder à rêver de l'amour, des forces universelles de la vie et du cosmos dans les tableaux de chevalet de la deuxième partie de sa vie, postérieure à son mariage avec Hélène Fourment; il les peint pour lui-même, hors de toute commande, comme des confidences de son âme éprise qui, dans les transes de sa vie personnelle, vit la beauté du monde avec d'autant plus d'intensité que déjà, il le sent, l'heure s'approche où il va lui falloir tout quitter. Rubens est

49

50

49 Rubens, *la Naissance de Louis XIII*, Musée du Louvre, Paris. Avec très peu d'aide, Rubens a peint en trois années, de 1622 à 1625, les vingt et un tableaux de grand format de la galerie que la reine-régente de France, Marie de Médicis, lui avait commandés pour célébrer les actions de sa vie en son palais du Luxembourg. Dans ce cycle immense la faconde de son pinceau explore l'universalité des êtres et des choses.

sans doute le peintre le plus universel, plus que Titien même dont les horizons sont, dans une certaine mesure, bornés par les cadres de l'anthropomorphisme renaissant; au moment où tant d'artistes, se servant de la peinture comme d'un moyen d'expression personnel, se trouvent en difficulté, voire en rupture avec la société qui les entoure, il est celui qui a réalisé avec le plus d'aisance l'accord entre les exigences de son temps et celles de son âme, sans rien sacrifier de celles-ci à celles-là, sans doute parce qu'il émanait une envoûtante puissance d'harmonie de cet admirable équilibre qu'il réussit à créer dans sa vie même.

Toutes les œuvres de Rubens s'enchaînent dans un univers sans fin; une œuvre appelle les autres. Rubens peint un monde; Antoine

50 Rubens, *Hélène Fourment et ses enfants*, Musée du Louvre, Paris. Rubens a voulu garder toute la fraîcheur de l'esquisse à ce tableau où il a peint avec tendresse sa jeune femme Hélène Fourment, qui avait seize ans quand il l'épousa à cinquante-trois ans, et deux des enfants qu'il avait eus d'elle, Claire Jeanne et François.

Van Dyck (1599-1641) peint des tableaux; à la manière italienne, il sait avec habileté animer des surfaces peintes. Tempérament impressionnable, il imite Rubens à Anvers au point que, pour les historiens, leurs tableaux parfois se confondent; ayant voyagé en Italie de 1622 à 1627, il est sensible à l'art de Titien, mais aussi à l'atmosphère un peu faisandée de Gênes, où il installe son atelier très fécond entre 1623 et 1627; il trouve enfin un milieu qui convient à son raffinement dans l'aristocratique cour de Charles Ier qui l'appellera en 1620, 1630 et 1632. Il corrige la générosité plébéienne de Rubens par l'élégance de Titien et laisse à la postérité l'image la plus accomplie du «gentilhomme», avant que Rigaud n'élabore à la cour de Louis XIV 51 le portrait de l'«honnête homme».

Jacob Jordaens (1593-1678) prend les sujets paysans de Bruegel et les transpose à l'échelle des tableaux de cour ou de piété ; la lourdeur grasse de son métier, contrastant avec la fluidité de celui de Rubens, semble exprimer la glèbe.

Parmi les artistes qui, à Anvers, s'adonnent à la nouvelle manière, à l'«italienne», des tableaux grandeur nature, certains comme Gerard Seghers (1591-1651), Van Thulden (1606-1669), Caspard de Crayer

52 Jordaens, *les Quatre Évangélistes*, Musée du Louvre, Paris. Au XVIIᵉ siècle, suivant l'exemple donné par les Carrache et le Caravage, les Évangélistes ont la robustesse des hommes du peuple. Ce tableau, exécuté entre 1620 et 1625, est peint en pâtes vigoureuses, dans une technique très différente de celle de Rubens.

51 (*Page de gauche*) Van Dyck, *Portrait de Richardot*, Musée du Louvre, Paris. Le portrait de Richardot appartient à la manière anversoise de Van Dyck, très différente de la dernière manière qu'il adopte en Angleterre ; l'artiste fait sienne la facture blonde et coulante de Rubens, mais il donne déjà aux bourgeois qui posent devant lui une certaine distinction.

53 Theodoor Van Loon, *l'Annonciation*, Église de Montaigu, Bruxelles. À Anvers même, il est toute une école de peintres qui paraît ignorer l'existence de Rubens, se reliant à l'ancienne tradition flamande de Veenius et Van Noort, enrichie par l'influence italienne. Theodoor Van Loon rappelle les caravagistes de la première génération.

54 (*À droite*) François Snyders, *le Garde-manger*, Musée de Bruxelles. Le genre de la nature morte de victuailles a été créé à la fin du XVIᵉ siècle par l'Anversois Pieter Aertsen; François Snyders lui donne une ampleur décorative qui est dans l'esprit baroque.

(1584-1669), Erasme Quellin II (1607-1678), subissent l'attraction de Rubens, avec lequel ils peuvent être appelés à collaborer, mais ils inclinent vite vers Van Dyck dont l'art est pour eux plus facile à assimiler; d'autres constituent un centre de résistance et regardent beaucoup plus vers l'Italie, comme Jan Janssens (1590-1650), Abraham Janssens (1573 / 1574-1632), Theodoor Van Loon (1581-1667); Cornelis de Vos (1584-1651) est un portraitiste exact, imagier plutôt que peintre.

53

D'une forme de l'art de Rubens découle un genre: celui du «tableau de chasse», mettant aux prises, en des compositions mouvementées, l'homme et les fauves exotiques ou le gibier de nos pays. François Snyders (1579-1657), Paul de Vos (1596-1678) s'y adonnent, l'un avec un réel bonheur pictural, l'autre en imagier. Gibier et victuailles diverses

donnent lieu à des natures mortes, grandeur nature, que Snyders 54
peint d'une façon décorative, et Jan Fyt (1611-1661) avec une sen- 55
sualité qui rend l'onctuosité des pelages et plumages, la pulpe des fruits.

Tous ces artistes appartiennent à ce qu'on pourrait appeler la
«grande manière» flamande. Mais la «petite manière», celle des peintures de cabinet traditionnelles, continue à être pratiquée par une
foule de peintres qui se partagent la tâche en spécialistes. Les paysagistes sont fort nombreux; beaucoup comme Paul Bril (1554-1626),
Christian de Keuninck (v. 1560-1632 / 1635), Joos de Momper
(1564-1635) se relient encore au XVIᵉ siècle. Roelant Savery (1576-

55 Jan Fyt, *Trophée de chasse*,
Albert Newport Gallery,
Zurich. Vivants ou morts, les
animaux peints par Jan Fyt ont
moins de vertu décorative que
les compositions de Snyders;
mais il sait mieux que son
confrère rendre la qualité des
pelages et des plumages.

56 David Teniers le Jeune, *la Cuisine*, Mauritshuis, La Haye. Le meilleur des peintres dits de genre en Flandre, David Teniers, exécute dans de petits formats des tableaux, réalisés avec des brosses fines dans des tonalités gris argentés, qui représentent des scènes populaires quelque peu conventionnelles.

1639) poursuit l'esprit dramatique du maniérisme. Jacob d'Arthois (1613-1686) et Louis de Vadder (1605-1655) sont plus modernes mais plus superficiels. Le paysage rejoint tout naturellement le genre dont le principal représentant est David Teniers II (1610-1690) qui peint une paysannerie de convention dans des tableaux d'une jolie lumière gris argent. Adriaen Brouwer (1605 / 1606-1638), qui a vécu en Hollande, introduit dans le genre la manière libre de Frans Hals; Jan Siberechts (1627-1700 / 1703) nous touche par un réalisme plus direct.

Anvers est un grand centre de «fleuristes» et essaimera des spécialistes à l'étranger; Ambrosius Bosschaert l'Ancien s'établira à Middelbourg et à Utrecht, Roelant Savery à Utrecht, Jacques de Gheyn à Leyde, Abraham Bruegel ira à Naples. Le plus doué de ces peintres est le jésuite Daniel Seghers (1590-1661), qui tresse des guirlandes de fleurs à la Madone. Les traditions du siècle précédent sont si tenaces qu'à côté des natures mortes décoratives de la «grande manière» de

74

Snyders et Fyt, certains artistes, comme Osias Beert (v. 1580-1624), Clara Peeters (1594-1657), Jacob Van Es (1596?-1666) continuent à pratiquer la nature morte avec objets étalés et juxtaposés, qui découle des premiers plans des tableaux du XVIᵉ siècle.

Un seul parmi ces peintres de la «petite manière» fut doué de génie, Jan Bruegel, dit «de Velours» (1568-1625), qui pratiqua avec autant de bonheur le paysage, la peinture de fleurs, le genre, l'allégorie. Il est le seul qui se soit assimilé, en le miniaturant, le métier transparent de Rubens, et certains de ses tableaux représentant des «paradis terrestres» ou de ses «allégories des sens» fourmillent d'une vie intense.

L'ARCHITECTURE ET LA SCULPTURE

L'architecture dans les Pays-Bas du Sud est confuse et peu originale. La commande profane est médiocre, la capitale n'étant que le siège d'un gouvernement représentant l'Espagne, la cour y a peu d'influence ; en outre la classe dirigeante étant formée de bourgeois,

57 Jan Siberechts, *Paysannes dormant*, Pinacothèque de Munich. Dans la peinture de genre de l'école flamande, la représentation de la vie rustique reste assez conventionnelle. La vigueur exceptionnelle du naturalisme avec lequel Jan Siberechts peint les paysages, les paysans et les animaux rustiques fait penser à Courbet.

58 Daniel Seghers, *Vierge à l'enfant dans une guirlande de fleurs*, Gemäldegalerie, Dresde. Le genre de la peinture de fleurs aux Pays-Bas a été établi par Jan Bruegel, Roelant Savery, Ambrosius Bosschaert. Le meilleur des peintres fleuristes flamands, après Jan Bruegel de Velours, est un père jésuite. Daniel Seghers, qui le plus souvent a entouré de guirlandes des madones, peintes par d'autres.

ceux-ci se contentent de maisons de dimensions modestes, alignées le long des rues, où elles sont situées en profondeur; les ordres antiques superposés se prêtent bien au système de l'architecture fenestrée qui vient du Moyen Age; le principal mouvement est le fronton à degrés qui prend des formes chantournées.

Les plus grandes entreprises de bâtisse s'accomplissent dans le domaine religieux; les jésuites, très protégés par l'archiduc Albert et l'archiduchesse Isabelle, y jouent un rôle fort actif, sans que pour cela l'adoption des modes de l'architecture romaine y soit accélérée. Si l'église Notre-Dame de Montaigu, construite par Cobergher, est, dès 1609, coiffée d'un dôme établi sur plan central, le plan basilical parfois avec déambulatoire, reste un usage et garde même la forme gothique qu'il avait prise au XVe siècle. La plus belle église de la

59 Jan Bruegel, *la Vue*, Musée du Prado, Madrid. Jan Bruegel, dit de Velours, est le peintre le plus doué de l'école flamande avec Rubens ; peignant dans de petits formats, il s'est montré curieux de toutes les choses de la nature, fleurs, fruits, paysages, et des mille formes de l'activité humaine, du labour des champs à la manie du collectionneur.

première moitié du XVIIᵉ siècle, Saint-Charles-Borromée d'Anvers, construite par les jésuites, le Père Aguillon († 1617) et le Frère Pieter Huyssens (1577-1637), est à trois nefs ; l'intérieur, où Rubens qui y avait peint un plafond a pu jouer le rôle de conseiller, était revêtu d'une riche décoration polychrome à la manière des églises romaines, mais il a été détruit dans un incendie en 1718 ; le clocher et la façade où domine le verticalisme, avec ce décor distribué en compartiments, relèvent encore de l'esthétique maniériste. La vraie architecture baroque fut réalisée en peinture, ou pour les décors de l'entrée de l'infant Ferdinand (1635), par Rubens qui avait fait une publication sur les palais de Gênes ; le peintre, à côté de sa maison à la flamande, se fit d'ailleurs construire un palais à l'italienne, en partie détruit, mais reconstitué de nos jours.

60-61 Façades de Saint-Michel, Louvain et de Saint-Charles-Borromée, Anvers. La comparaison entre l'architecture de Saint-Charles-Borromée d'Anvers et celle de Saint-Michel de Louvain montre la progression du baroque. La première participe encore du maniérisme, issu de la Renaissance ; l'architecture ne devient franchement baroque que dans la deuxième partie du siècle.

La romanisation se fait dans la deuxième partie du XVIIe siècle ; un bon exemple en est l'église jésuite Saint-Michel de Louvain (1650-1671), élevée par le Frère Hesius, avec plan et façade découlant du Gesù, et un beau décor de marbre blanc. Bien qu'elle ait été effectuée dans le cours du XVIIIe siècle, la reconstruction de la Grand-Place à Bruxelles, détruite par un bombardement du Maréchal de Villeroi en 1695, qui fut commencée dès 1696, se fait encore sur les modèles anciens. Sauf dans la partie est, la place se refuse à la discipline des programmes uniformes, instaurée par les architectes de Louis XIV, et séduit par la variété recherchée pour chacune des maisons qui la composent, entourant deux édifices gothiques.

Les Pays-Bas du Sud donnent le jour à toute une pépinière de sculpteurs sur pierre ou sur bois, formant parfois des familles d'artistes, comme les Duquesnoy, les Quellin, les Verbruggen; ils sont si nombreux qu'ils s'expatrient vers l'Angleterre, l'Allemagne, la Hollande, l'Italie ou la France.

62

Francesco ou François Duquesnoy (1594-1643) s'incorpore à l'école romaine, où son *Saint-André*, à Saint-Pierre-de-Rome, lui vaut la célébrité; Jean Warin (ou Varim), Van Obestal, Buyster, Desjardins (Van den Bogaert, dont la statue équestre de Louis XIV, sur la place des Victoires, à Paris, a été détruite) vont en France, attirés par la cour de Versailles.

La commande, presque exclusivementt religieuse, est importante dans les Pays-Bas du Sud; elle consiste en monuments funéraires et en mobilier d'églises: autels monumentaux, clôtures de chœur, confessionnaux, ex-voto, chaires à prêcher.

Le berninisme est assimilé en Belgique dans la sculpture plus vite que ne le sont dans l'architecture les modes romains; l'influence de Rubens y contribuera beaucoup.

Luc Faydherbe (1617-1697), son élève, orna les églises de Malines, où il construisit Notre-Dame de Hansjwik, quant à Jean Delcourt (1631-1707), le sculpteur wallon, il avait été pendant dix ans, à Rome, le collaborateur du Bernin.

62 Artus Quellin II, *Dieu le Père*, Cathédrale de Bruges. La générosité de la plastique, l'emphase du geste, l'opulence et la draperie font de Quellin une sorte d'émule de Rubens en sculpture.

Le principal ornement de l'église est souvent une chaire à prêcher gigantesque, remplie de statues formant une encyclopédie théologique. On commence à trouver ce genre de meuble vers 1660. Henri-François Verbruggen y introduit le mouvement (chaire de Saint-Pierre-et-Saint-Paul de Malines, 1699-1702).

LES ARTS APPLIQUÉS

La production des ateliers de tapisserie de Bruxelles reste très brillante pendant tout le XVIIᵉ siècle. L'art de Rubens qui les alimente de diverses séries de cartons convient admirablement par son abondance au style de la tapisserie. Ce style s'allège dans la deuxième partie du siècle où pénètre quelque peu l'influence des Gobelins.

L'importance de la place d'Anvers comme centre d'édition contribue à donner à la gravure un très grand essor. C'est là que se trouvait la célèbre imprimerie des Plantin, pour laquelle Rubens a travaillé, là que plana, encore longtemps après sa mort en 1606, l'espoir de Juste Lipse, considéré alors comme le plus grand philosophe de son temps, et dont Rubens fut le disciple. Les illustrations des livres, par les graveurs de reproductions de tableaux ou les belles estampes exécutées avec soin, diffusent dans toute l'Europe, et au-delà, une imagerie baroque, à laquelle Rubens un moment apporta son impulsion.

63 Henri-François Verbruggen, chaire de Saint-Pierre-et-Saint-Paul, Malines. Dans les pays germaniques au XVIIIᵉ siècle, en Belgique dès le XVIIᵉ siècle, la chaire à prêcher est devenue un thème iconographique exprimant les vérités de la foi en figures qui empruntent leur style à l'éloquence du prédicateur. La chaire porte d'ailleurs le nom de « chaire de vérité » ; en France le sermon est cultivé comme un genre littéraire.

CHAPITRE QUATRE

Le XVIIᵉ siècle dans les Pays-Bas du Nord

C'est au début du XVIIᵉ siècle, après la trêve de 1609, que les Pays-Bas du Nord conquièrent leur autonomie nationale. La nouvelle nation qui s'intitule les «Provinces-Unies» tranche avec tout le reste de l'Europe par la constitution démocratique du gouvernement et la religion calviniste. Cette situation a pour les arts des conséquences importantes; tandis que le calvinisme n'admet aucun décor dans les églises, le système démocratique se montre hostile à l'étalage du faste par les citoyens les plus riches ou les plus puissants. Les programmes somptuaires qui, en Europe, provoquent une commande considérable d'œuvres d'art, sont donc à peu près nuls; le seul grand édifice qu'ait élevé le XVIIᵉ siècle est l'Hôtel de Ville d'Amsterdam, monument édifié après le traité de Westphalie pour glorifier les institutions libérales, et les plus belles demeures restent de proportions modestes; les châteaux sont plus ou moins asservis aux formes médiévales. La sculpture trouve donc peu de champ pour se développer; au contraire la peinture connaît la faveur d'une société bourgeoise, accessible surtout au réalisme.

Les institutions libérales de la Hollande, célébrées par Descartes, lui valurent d'être dans une Europe divisée un havre de paix; de toute l'Europe, les protestants, les juifs, les exilés politiques pourchassés y trouveront asile et contribueront au développement scientifique et intellectuel très intense que connaît ce pays. Les querelles théologiques n'en restent pas moins très vives à l'intérieur du calvinisme et, comme les catholiques, les protestants hollandais furent divisés sur le problème de la grâce; les reflets de ces préoccupations de la destinée humaine se retrouvent dans la peinture de Rembrandt.

Dans la deuxième moitié du XVIIe siècle, les Provinces-Unies sont devenues, malgré l'exiguïté de leur territoire et le petit nombre de leur population, une nation forte. Ce petit peuple est capable de faire front à la plus grande puissance du temps, la France, après avoir vaincu la plus grande puissance du XVIe siècle, l'Espagne, à laquelle il arracha sa liberté. Mais son essor artistique se situe dans la première moitié du XVIIe siècle, époque où la nation a encore à consolider son existence, à constituer sa richesse, qu'elle trouve dans le commerce et l'expansion maritime.

L'ARCHITECTURE ET LA SCULPTURE

Pour être de proportions médiocres, les monuments de l'architecture hollandaise ne sont pas négligeables, autant qu'on l'a dit. À la Hollande revient en effet le mérite d'avoir constitué les bases du classicisme que la France et l'Angleterre ne connaîtront que plus tard. Sans doute ses architectes furent-ils aidés dans la conception du classicisme par les impératifs de sobriété qui découlaient du système démocratique pour les programmes civils et de l'aniconisme pour les programmes religieux. Ce classicisme est institué vers 1630 dans la province de Hollande qui tend à prendre la tête des Provinces-Unies. Avant cette date, les monuments élevés par Hendrick de Keyser (1565-1621), à Amsterdam, dans le premier quart de siècle (Zuiderkerk, Westerkerk) sont encore tributaires du système maniériste des proportions, bien que le décor en soit déjà plus sobre. La révolution – le mot n'est pas trop fort – est accomplie entre 1630 et 1640 par deux architectes, Jacob Van Campen (1595-1657) et Pieter Post (1608-1669), au temps où l'ami de Descartes, Constantin Huyggens, secrétaire du stathouder Frederick Henry, donne le ton à la recherche intellectuelle à La Haye. Au verticalisme, hérité de la tradition

64 La Westerkerk, Amsterdam, d'après le plan de Hendrick de Keyser. Cet architecte accomplit une première étape dans l'épuration du maniérisme qui avait été élaboré dans les provinces du Nord au cours de la deuxième partie du XVIᵉ siècle; il prépare ainsi le classicisme hollandais.

nordique, et qui, au début du XVIIᵉ siècle, est encore en usage, Jacob Van Campen et Pieter Post substituent une tendance à l'horizontalisme, marquant le centre du monument par quelques pilastres d'un ordre corinthien en pierre, surmontés d'un fronton triangulaire, la corniche étant coiffée par une toiture en pavillon. La bâtisse est en brique et seuls les ordres et chaînages d'angle sont en pierre (Mauritshuis de La Haye). Ce système très sobre règnera tout au long du 65 siècle, s'enrichissant seulement à partir de 1670 d'un peu plus d'ornementation (festons entre les deux étages, fronton décoré). L'Hôtel de Ville d'Amsterdam, dessiné par Jacob Van Campen, reproduit cette ordonnance, mais sur deux étages. Le culte protestant a pour sanctuaires beaucoup d'anciennes églises catholiques dépouillées de leur décor; pour les nouveaux temples, on hésite entre le plan basilical ou le plan central qui convient mieux au culte protestant; le seul décor de l'intérieur est offert par l'orgue et les boiseries en amphithéâtre dressés pour les assistants ; l'extérieur prend une allure classique. Des châteaux de cette époque, il ne subsiste guère que l'Huis ten Bosch de La Haye, composé comme un château français avec un salon d'honneur, où Amélia de Solms fit faire par Jordaens et d'autres artistes flamands des peintures d'esprit baroque, à la gloire de son époux défunt, le stathouder Frederick Henry ; ce décor baroque est unique dans les Pays-Bas, et il est caractéristique qu'il fallût aller chercher son auteur à Anvers.

Vers la fin du siècle, les effluves de l'art de Louis XIV – le grand ennemi des Pays-Bas – entraînent l'architecture vers un peu plus de faste ; on édifie des châteaux avec de grands jardins à la française, qui sont tous détruits aujourd'hui.

Le système architectural inauguré par Pieter Post et Jacob Van

65 Le Mauritshuis, La Haye, v. 1637. Avec ses grands pilastres de pierre soutenant une architrave, la maison construite pour Jean Maurice de Nassau par Jacob Van Campen (?) est d'esprit tout à fait classique.

66 Rombout Verhulst, buste de Maria Van Reij-gersberg, Rijksmuseum, Amsterdam. La sculpture hollandaise est peu abondante; dans la production des portraits en buste, Hendrick de Keyser est encore traditionnel. Rombout Verhulst introduit le style mouvementé et vivant, pratiqué par les Italiens (le Bernin) et les Français (Coysevox).

Campen sera appelé à une grande répercussion dans toute l'Europe du Nord; il essaimera dans la région rhénane, en Scandinavie et influencera l'Angleterre à la recherche de son propre classicisme.

Le peu de sculpture s'explique par la rareté de la commande, mais aussi par une répugnance certaine à la forme en relief chez les Hollandais qui préfèrent les images peintes. Les sculpteurs trouvent à faire des décors funéraires, des chaires à prêcher en bois qui n'ont pas le caractère allégorique de celles des Pays-Bas du Sud voisins. Tout au long du siècle, les Hollandais, comme les Français et les Italiens, ont aimé faire faire leur portrait en buste; le meilleur de ces portraitistes fut Rombout Verhulst (1624-1696).

LA PEINTURE

Les conditions dans lesquelles travaillent les peintres des Pays-Bas sont assez différentes de celles des autres pays de l'Europe où les artistes sont beaucoup plus tributaires de la commande. La tendance qui se

85

manifeste vers 1630 dans toute l'Europe (Poussin, Velázquez, Rubens lui-même) à faire de la peinture une spéculation personnelle trouve un terrain favorable dans la situation des Pays-Bas, par ailleurs matériellement difficile pour les artistes. Le portrait mis à part, pour la plus grande prtie de leur œuvre, les peintres hollandais sont des artisans qui exécutent dans une spécialité assez étroitement définie, des tableaux dont ils tiennent boutique ; ils doivent donc attendre l'acheteur, et si leurs tableaux ne plaisent pas, comme ceux de Vermeer ou de Rembrandt âgé, ils sont réduits à une vie précaire. Les conditions de la création artistique moderne se sont donc formées en Hollande, où l'artiste se trouve seul en face d'une société bourgeoise, tandis que dans les autres pays d'Europe il exerce une véritable fonction sociale, dans un milieu princier et ecclésiastique qui fait une énorme consommation d'images.

On peut distinguer en Hollande, comme on l'a fait pour les Pays-Bas du Sud, une «grande manière» et une «petite manière». La «grande manière» apparaît dans la ville d'Utrecht sous l'action d'Abraham Bloemaert (1564-1651), mais surtout des natifs qui ont fait un séjour plus ou moins long en Italie, Dirck Van Baburen (v. 1590-1624), Hendrick Terbrugghen (1588-1629), Gerard Honthorst (1595-1656) ; ces peintres ont rapporté du caravagisme les sujets picaresques, et surtout l'art de modeler une figure au moyen de l'éclairage oblique. Tandis qu'Utrecht tend à être un rameau détaché du caravagisme romain, c'est à Haarlem que se crée la manière proprement hollandaise, grâce notamment à Frans Hals (1580-1666), peintre de portraits et de scènes de genre ; il a reçu du XVIe siècle la tradition du portrait de corporations ou de confréries (*doelenstücken*) ; mais de ce qui n'était qu'une juxtaposition d'effigies, il a fait une assemblée, être collectif traversé par une sorte d'instinct vital communautaire ; comme Rubens, il communique le mouvement à ces compositions, non seulement par l'action, mais par l'action passionnée de ses brosses ; avec Rubens, avec Velázquez, il est l'un de ceux qui ont fait de la touche le principal moyen d'expression du peintre ; il lui fallut pour cela briser la

67 Frans Hals, *les Régentes*, Musée de Haarlem. Frans Hals brise la texture formelle des sages images qu'étaient les portraits peints de son temps, pour en faire des morceaux de bravoure. À la fin de sa vie, quand il peint les régents et les régentes de l'hôpital où il a trouvé asile, son art s'intériorise et rejoint celui de Rembrandt.

texture du calme métier traditionnel des Néerlandais. Le point d'honneur du peintre était autrefois de masquer le procédé d'exécution du tableau, de manière à atteindre le plus grand mimétisme du réel. La virtuosité pour Frans Hals consistera à affirmer sur la toile son écriture plastique propre. Des *Banquets de la confrérie de saint Georges* (1616 et 1627) aux *Régents* et aux *Régentes* (1664), Frans Hals suit une évolution analogue à celle qui conduit Rembrandt de la sensualité franche et joyeuse de la jeunesse à la méditation anxieuse de la destinée, propre à la vieillesse.   67

Nul peintre autant que Rembrandt (1606-1669) n'a travaillé le métier pour l'obliger à se plier aux impulsions qui montent de son âme. Sans doute Rembrandt, dont l'activité commence vers 1623, a-t-il emprunté aux peintres d'Utrecht les procédés du caravagisme, notamment cette manière d'amener la figure en gros plan et de l'affirmer par la brutalité de l'éclairage latéral; mais le sens plus intérieur qu'il donnera au clair-obscur, peut-être le doit-il à son maître, Pieter Lastman, un maniériste attardé; l'étrange paysagiste Hercules Seghers (v. 1590-avant 1643) a dû aussi ouvrir son esprit à la poésie de l'imaginaire. Comme Rubens, mais avec une note peut-être plus personnelle – parce que, moins que le peintre d'Anvers, il a répondu à la commande –, Rembrandt a fait de la peinture un moyen d'explorer la mythologie, l'histoire, le sentiment religieux, la vie pittoresque, toujours avec une nuance d'approfondissement de la vie intérieure. Sa carrière se divise en deux périodes. Installé à Amsterdam en 1631, il connaît aussitôt une grande vogue comme portraitiste (la *Leçon d'anatomie du professeur Tulp*, 1632). Il fait un mariage heureux, achète une belle maison, amasse des collections, et il semble que sa vie va être à Amsterdam un pendant de celle de Rubens à Anvers. Mais bientôt il fait servir à ses recherches personnelles les tableaux dont il reçoit la commande (*Prise d'armes de la compagnie du capitaine Franz Banning Cocq*, dite la *Ronde de nuit*, 1642), ce qui éloigne de lui ses contemporains. La mort de Saskia, son épouse, la même année, le voue à la solitude et le confirme dans sa vocation de peintre de la vie intérieure, ce qui entraîne sa déchéance et sa ruine. À partir de 1650 jusqu'à sa mort, son logis d'Amsterdam est comparable à un atelier d'alchimiste où, solitaire, il élabore les sortilèges de la peinture pour épancher son âme. Hanté par la figure du Christ, il voit dans l'Évangile un message d'amour (les *Pèlerins d'Emmaüs*, 1648), ce qui l'écarte quelque peu de la sévérité du calvinisme qui croit plus en la justice qu'en la miséricorde divine; mais il a subi l'influence des doctrines messianiques des milieux juifs qu'il fréquentait à Amsterdam. Il peut sembler paradoxal qu'en ce siècle de foi les accents chrétiens les plus profonds soient, grâce à son pinceau, issus de cette protestante Hollande qui rejetait du culte l'usage des images, alors que l'Europe catholique se livrait à une véritable orgie iconologique; mais il faut dire

68 Hercules Seghers, *Un arbre*, gravure. Rijksprentenkabinet, Amsterdam. Passionné de recherches, notamment dans la gravure, Hercules Seghers mena une vie étrange et solitaire. Ses visions romantiques de la nature ont pu inspirer Rembrandt qui possédait de ses gravures.

aussi qu'en délivrant l'artiste de toutes les traditions iconographiques et de toutes les contraintes cléricales qui faisaient écran entre les aspirations de son âme et le fait religieux, le calvinisme le mettait en présence de la vérité évangélique nue, circonstance heureuse pour une âme assoiffée de Dieu comme celle de Rembrandt. Les œuvres de ses dernières années, où il prit de plus en plus fréquemment pour modèle son propre visage, étudiant sans se lasser sur lui-même les progrès de la décrépitude, annonciatrice de la mort, sont sans doute

69 Rembrandt, *les Pèlerins d'Emmaüs*, Musée du Louvre, Paris. En dépouillant ses sujets religieux de toutes les traditions iconographiques et des règles dogmatiques en usage dans le monde catholique, Rembrandt a retrouvé dans l'Évangile le contact direct que cherchaient en lui les protestants.

70 Rembrandt, *la Ronde de nuit*, Rijksmuseum, Amsterdam. Ce célèbre tableau n'avait de nocturne que la crasse qui le recouvrait avant son nettoyage. En réalité, la compagnie d'archers émerge de l'ombre pour mettre en pleine lumière le capitaine Franz Banning Cocq et le lieutenant Willem Van Ruijtenburg qui en sont les chefs.

71 les messages les plus déchirants sur le drame de la destinée humaine qui aient été transmis par la peinture.

Le métier de Rembrandt est comme antinomique de celui de Frans Hals ou de Rubens. Dans l'ivresse de l'improvisation joyeuse, Frans Hals balafre la toile en tous sens de coups de pinceaux nerveux ; c'est aussi la joie de la création qui pousse Rubens à ce va-et-vient du pinceau, présent à tous les éléments de l'image à la fois. Le mouvement de la brosse de Rembrandt est une sorte de trituration des pâtes, d'où peu à peu émane ce mystère d'ombre et de lumière qu'est un de ces tableaux.

71 Rembrandt, *Auto-portrait*, Wallraf-Richartz Museum, Cologne. Inquiet de la vie de l'âme, c'est le plus souvent sur son propre visage que Rembrandt en a étudié les mystères. Il est, avec Van Gogh, l'artiste qui s'est le plus souvent représenté.

Il n'est point facile de saisir la personnalité des écoles dans ces Pays-Bas, où les villes sont si proches et les échanges faciles. Il vaut mieux opérer une classification par genres, ce qui correspond d'ailleurs à quelque vérité puisque la plupart des artistes étaient spécialisés.

Le genre du portrait est le seul qui ait comporté des tableaux de la «grande manière», portraits en pied ou en buste, montrant un individu, un couple ou une assemblée. Qu'il soient indépendants de Frans Hals, ou qu'ils en découlent, les portraitistes s'en tiennent à l'exécution sage, soignée et impersonnelle qui plaît d'ailleurs à la clientèle.

72 Van der Helst, *l'Amiral Jan Van Liefde*, Rijksmuseum, Amsterdam. Les portraits que peignait Van der Helst proposaient au modèle une image complaisante, le montrant dans toute la générosité de la jeunesse, la suffisance de l'âge mûr ou la sagesse de la vieillesse, mais toujours satisfait de lui-même.

Citons parmi les plus achalandés de ces bons artisans de l'effigie
72 humaine, Jan Ravesteyn (1572-1657), Bartholomeus Van der Helst
(1613-1670), Thomas de Keyser (1597-1667). Mais c'est parmi les pein-
73 tres de la «petite manière», comme Gerard Ter Borch (1617-1681)
que l'on trouve les portraits les plus sensibles, exprimant un profond sentiment de la solitude, surtout après le contact de cet artiste
avec la manière de Velázquez en 1649.

Dans sa plus grande généralité, la peinture hollandaise dérive de
la peinture de cabinet, telle qu'elle avait été pratiquée dès le XVᵉ siècle par l'école flamande. Enjambant un siècle de maniérisme, les Hollandais du XVIIᵉ siècle renouent directement avec l'esthétique de la
peinture, considérée comme le miroir du réel, qui avait été instaurée
par Van Eyck, et qui avait été sans lendemain immédiat. Dans des

tableaux exécutés avec grand soin, au moyen de brosses fines dans un métier fait de glacis légers, qui souvent laissent jouer le fond du support en bois, les peintres de la Hollande s'attacheront à donner l'image la plus exacte de tout ce qui les entoure: le pittoresque de la vie de société, le monde secret de la vie domestique, les objets familiers, la nature, celle de la campagne comme celle de la ville. On peut voir l'une des causes de cet attachement au réel dans l'esprit borné d'une société de marchands pour qui seule compte la donnée positive de la vie; la carence de l'opéra en Hollande confirme que ce besoin d'évasion dans l'imaginaire, qui caractérise toute l'Europe d'alors, tourmente peu la psychologie hollandaise. On peut y voir aussi un effet de l'éthique calviniste qui envisage la possession des biens de ce monde comme un des ressorts de la dignité humaine. Mais, si l'on veut bien faire abstraction des préjugés antifiguratifs, on ne peut s'empêcher de considérer comme profondément humaine une école de peinture qui ordonne toute son action à exprimer dans la totalité de ses formes l'image d'une civilisation. Enfin, si l'on est amateur

73 Gerard Ter Borch, *Portrait d'homme*, National Gallery, Londres. C'est chez Gerard Ter Borch qu'on peut trouver un reflet de cette angoisse de la destinée qui tourmente les calvinistes, mais qu'a quelque peu éteint la civilisation bourgeoise de la Hollande. Après un voyage en Espagne, il subit l'influence de Velázquez.

de peinture, comment n'être pas séduit par ces merveilleux petits univers exécutés d'un pinceau patient, mais dont la sensibilité ne s'affaiblit pas par la répétition, et où la lumière est nuancée avec tant d'amour! Et quelle sincérité dans cette humble attitude devant la nature!

Un nombre incroyable d'artistes a pratiqué la peinture de genre, ce qui prouve son succès; ils reproduisent les scènes picaresques de la vie militaire, du cabaret, de l'auberge ou de la ferme; elles amusaient une société qui, au sortir de l'époque héroïque, tendait à se stabiliser dans le conformisme bourgeois. Le «genre», qui sort de Frans Hals, fut «miniaturé» par son frère Dirck (1591-1656) et son élève Hendrick Pot; de Haarlem, il gagna toute la Hollande: Pieter Codde

76 (v. 1599-1678), W. C. Duyster (v. 1599-1645), Jacob Duck (v. 1600-1667). Haarlem a élaboré aussi le paysage hollandais; Salomon Van Ruysdael (1602-1670) reçut de Jean Van Goyen (1596-1656) le génie du paysage amphibie, où rien n'existe que le ciel et l'eau. Jacob Van

74 Ruisdael (1628 / 1629-1682), le neveu de Salomon, exprimera la grandeur de cette terre basse dominée de ciel, inspirant un sentiment

74 Jacob Van Ruisdael, *le Moulin*, Rijksmuseum, Amsterdam. Un paysage hollandais est essentiellement fait de ciel dominant une terre basse, où le plus souvent l'eau – mer ou canal – reflète encore les nuages. Chez Jacob Van Ruisdael, le sentiment de l'infini a une sonorité pascalienne.

75 Jan Vermeer de Delft, *Jeune Fille à la virginale*, National Gallery, Londres. Chez Vermeer, les éléments du décor ont souvent une signification symbolique : carte géographique ou paysage suggérant le monde extérieur, l'Amour tenant une lettre qui fait penser à l'absent dont la jeune fille évoque le souvenir sur la virginale ou le luth.

d'infini qui engendre l'angoisse de la solitude. Jacob Van Ruisdael suscita de nombreux imitateurs à Haarlem et Amsterdam. En cette dernière ville, Meindert Hobbema (1638-1709) écrase par la platitude de son réalisme la poésie de Jacob; Aert Van der Neer (1603-1677) se spécialise dans les nocturnes. D'autres animent d'une vie pittoresque cette nature dont Ruisdael et Hobbema avaient voulu exprimer la grandeur solitaire (Philips Wouvermans, 1619-1668; Jan Wynants, 1630/1635-1684). D'autres encore se spécialisent dans les tableaux de marine (les deux Willem Van de Velde, Johannes Van de Capelle, 1624/1625-1679). Certains se consacrent aux sites urbains (Gerrit Berckheijde, 1638-1698, Jan Van der Heyden, 1637-1712). Il en est qui s'adonnent à la représentation des intérieurs d'églises: Pieter Saenredam (1597-1665); Emmanuel de Witte (1617-1692).

C'est dans la peinture d'intimité et dans les natures mortes qu'on perçoit le mieux comment la peinture hollandaise du XVIIᵉ siècle descend directement du réalisme flamand du XVᵉ siècle.

76 Jacob Duck, *le Partage du butin*, Musée du Louvre, Paris. Au moment où peignent Jacob Duck ou Pieter Codde, les troubles engendrés par les guerres de religion sont depuis longtemps terminés; évoquer les débordements de la soldatesque devient un motif pittoresque qui divertit la société bourgeoise.

77 Jan Van der Heyden, *la Westerkerk à Amsterdam*, Wallace Collection, Londres. Tous les aspects de la nature hollandaise ont été évoqués par les peintres. Plusieurs se sont spécialisés dans la reproduction des paysages urbains; celui qui a le mieux exprimé l'atmosphère propre à ces villes est Van der Heyden.

Le genre de la nature morte est d'ailleurs lié à la peinture d'intérieur; cet amour pour les objets familiers apparaît, dès le XVe siècle aux Pays-Bas, dans les tableaux religieux de Jan Van Eyck ou du Maître de Flémalle. À la fin du XVIe siècle, dans les Pays-Bas du Nord et en Allemagne du Sud, la nature morte se détache des compositions profanes ou religieuses pour devenir un genre autonome. La première partie du XVIIe siècle pratique le genre descriptif: les objets ou les mets sont étalés et juxtaposés comme pour être mieux inventoriés (F. Van Schooten, suivi jusqu'en 1655). Une seconde étape fera de la nature morte un art raffiné fondé sur des recherches subtiles de composition, de couleur et de lumière. Le passage de l'entassement des tableaux de David de Heem (1570-1632) aux harmonies de Jan Davidsz de

78 Pieter Saenredam, *Intérieur de la Grote Kerk, Haarlem*, National Gallery, Londres. Les peintres d'églises sont pour la plupart de purs illustrateurs ; un seul, Pieter Saenredam, a exprimé dans ses tableaux la sublime ou angoissante nudité, selon, des églises protestantes dépouillées de toute image, de tout ornement.

Heem (1606-1683) confirme bien l'évolution du genre. Willem Claesz Heda (1594-1680 / 1682) et Pieter Claesz (1596-1661) ont réalisé dans des harmonies presque monochromes les compositions les plus savantes, tandis qu'Abraham Van Beijeren (1620 / 1621-1675) a cherché des effets d'abondance un peu faciles, et Willem Kalff (1619-1693) la sensualité des matières.

L'expression de l'espace intérieur, limité par les murs d'une chambre, avait été une des préoccupations de la peinture flamande au XVᵉ siècle ; si le Maître de Flémalle, Rogier Van der Weyden avait traité ce thème empiriquement, cette recherche paraît bien avoir été intentionnelle chez Van Eyck. Les Hollandais reprennent ces spéculations là où les avaient laissées les Flamands lorsque l'influence italienne était venue éloigner les Pays-Bas de leur tradition. Plusieurs générations d'artistes se sont évertuées à délimiter cet espace clos de l'intérieur, à déterminer les positions relatives des objets qui le meublent et des êtres qui y vivent. Ce qui n'était qu'empirique chez la première génération des peintres de genre de Haarlem, qui peuplaient encore les demeures de sociétés bruyantes (Pieter Codde, Molenaer, Koedijck, Hendrick Pot), devient recherche consciencieuse dans la deuxième génération, celle de Gerard Ter Borch (1617-1681), Gerard Dou (1613-1675), Gabriel Metsu (1629-1667); l'espace de la chambre 80 y est ressenti comme un lieu secret, asile de vie intime, où des êtres appartenant à une société raffinée s'adonnent à la musique, à la conversation, à leur toilette, ou bien, pensifs et solitaires, semblent éprouver dans un instant de silence l'angoisse de leur destin. Il faut être familier de ces tableaux pour discerner, sous l'apparente placidité de ces images, les artifices de composition et d'éclairage, au moyen desquels ces délicats artistes savent organiser cet espace minuscule pour en centrer l'intérêt sur l'être humain qui en est l'âme. Toutes ces recherches aboutissent à Jan Vermeer (1632-1675) qui, presque 81 inconnu, travaille dans cette ville provinciale de Delft, où vivait alors

79 Pieter Claesz, *Nature morte*, Gemäldegalerie, Dresde. Le XVIIe siècle, en France et en Hollande, a aimé le genre de la nature morte, auquel il a donné une portée philosophique. Ces réunions d'objets que groupent les peintres, suggèrent l'invisible présence de l'homme dont ils sont les serviteurs muets, et aussi la fragilité de cette existence à laquelle ils sont liés.

une société très distinguée. Pour singulier que cela puisse paraître, étant donné la différence des sujets, l'art de Vermeer doit aussi aux caravagistes d'Utrecht, auxquels il reprend le procédé de l'éclairage latéral ; les derniers tableaux de Terbrugghen annoncent directement par leur coloris ceux de Vermeer. Ce dernier se distingue de la foule des artisans en approfondissant la portée humaine et artistique de son art, comme le faisait Rembrandt. Mort à quarante-trois ans, ignoré et, semble-t-il, dans la misère, il n'a laissé qu'un petit nombre de tableaux (il en reste aujourd'hui une quarantaine) ; chacun d'eux devait être longuement médité.

Abandonnant la facture illusionniste, Vermeer se constitue une sorte de métier pointilliste, fait de ponctuations lumineuses et colorées qui donnent l'intensité et la pureté du cristal au petit espace de la peinture. Pour lui, comme pour Rembrandt, mais par des moyens opposés,

81 Jan Vermeer de Delft, *Vue de Delft*, Mauritshuis, La Haye. L'un des deux seuls paysages peints par Vermeer, dont la lumière ravit Marcel Proust. Dans *Un amour de Swan*, Swan étudie ce tableau et, dans *la Prisonnière*, lors d'une exposition hollandaise, Bergotte meurt en le contemplant, particulièrement sensible à la science et au raffinement que l'artiste a mis dans « un petit pan de mur jaune (...) si bien peint qu'il était, si on le regardait seul, comme une précieuse œuvre d'art chinoise, d'une beauté qui se suffisait à elle-même ».

80 (*Page de gauche*) Gabriel Metsu, *l'Enfant malade*, Rijksmuseum, Amsterdam. De tous les peintres dits de genre, Gabriel Metsu avait sans doute la plus grande sensibilité picturale, alors que Gerard Dou, qui connut un plus grand succès, était porté à une reproduction littérale dans laquelle êtres et objets se figuraient quelque peu.

la lumière est le moyen d'extérioriser en image la vie mystérieuse de l'âme. Pieter de Hooch (1629-v. 1684) tentera en vain de s'assimiler le procédé du maître de Delft, mais de ce qui était lumière, il ne tirera que des éclairages. Ainsi, grâce à Rembrandt et à Vermeer, l'un par le pathétique, l'autre par la vertu du silence, la protestante Hollande a donné les expressions les plus profondes de la vie intérieure à cette Europe du XVIIᵉ siècle, tourmentée par les mystères de l'âme.

LES ARTS APPLIQUÉS

La maison hollandaise ne compte que peu de meubles, en chêne généralement. Le principal de ce mobilier est la grande armoire où la ménagère hollandaise range son linge. Tout au long du XVIIᵉ siècle, ce mobilier garde la carrure monumentale héritée de la Renaissance et du Moyen Âge. Le lit peut avoir des colonnes sculptées et être protégé par des courtines; on trouve des chaises en X, à peine ornées d'une frise en relief; les surfaces planes des meubles sont volontiers recouvertes de petits tapis. Cependant, la Hollande a brillé dans deux arts mineurs: l'orfèvrerie et la faïence. Dans ces calmes maisons aux façades classiques, les Hollandais rangent de somptueuses pièces d'argenterie dues à Paulus Van Vianen (1555-1614), Adam Van Vianen (1565-1627), ou Johannes Lutma (1585-1669) dont, par un curieux paradoxe, le baroquisme qui découle directement du maniérisme allemand, dépasse en extravagance tout ce qui se fait en Europe à cette époque. D'autres orfèvres pratiquent une manière plus sobre, qui s'impose à la fin du siècle. L'art hollandais a rayonné loin de ses frontières grâce à ses faïences dites de Delft, bien qu'elles soient issues de diverses villes des Pays-Bas. D'abord nées du désir de pasticher les ouvrages importés de Chine, ces faïences ont conquis à la fin du XVIᵉ siècle leur style autonome; parfois polychrome, leur décor se réduit le plus souvent à la couleur bleue. En dehors des plats et des vases, les faïenciers néerlandais ont produit des compositions figuratives, assemblées en carreaux, dont ils ont largement fait usage pour le décor de leurs demeures, et qui leur ont été commandées à l'étranger.

82 Paulus Van Vianen, Plat d'argent, 1613, Rijksmuseum, Amsterdam. Dans la première moitié du XVIIᵉ siècle, c'est la Hollande qui en Europe a produit les meilleurs orfèvres ; chose curieuse, ceux-ci prolongent le style compliqué du maniérisme et évoluent vers un baroque exubérant, tandis que l'architecture s'oriente vers un classicisme strict.

83 Hollande, panneau de faïence polychrome, Victoria and Albert Museum, Londres. La faïence fut une véritable industrie hollandaise. Elle fournit tous les pays de l'Europe du Nord, le Portugal, et jusqu'au Brésil, en vases de toute forme et en carreaux destinés à être agencés en compositions figuratives ou ornementales. La faïence n'a prospéré que jusqu'au XVIIIᵉ siècle ; en Hollande, elle se caractérise par l'éclat et la netteté des couleurs dont le contour ne se confond pas avec le vernis, ainsi que par des peintures riches, bleu mais aussi rouge et or.

CHAPITRE CINQ

Le XVIIᵉ siècle dans les pays germaniques

À la fin du XVIᵉ siècle et au début du XVIIᵉ siècle, les pays germaniques connaissaient une civilisation brillante, celle qui fleurissait à Prague, à la cour de l'empereur Rodolphe II ; cette ville était alors un des grands centres du maniérisme international. L'art allemand paraissait devoir se développer dans le sens d'une transformation directe du maniérisme en rococo, mais cet essor fut interrompu par les désastres de la guerre de Trente Ans qui, de 1618 à 1648, dévasta tous les pays germaniques. L'activité artistique ne reprit avec quelque intensité que vers les années 1660-1670, car l'Allemagne se trouva, au sortir de cette crise, dans une sorte d'année zéro. À la faveur de cet événement, l'Autriche conquit une situation politique de premier plan et elle jouera dans la civilisation un rôle primordial, étant détentrice du titre impérial qui, à une exception près, sera conféré aux Habsbourg jusqu'à la fin de l'ancien régime.

La période qui s'étend des années 1600 au début de la guerre de Trente Ans voit la poursuite de l'esthétique maniériste ; l'architecture reste fidèle aux principes de l'architecture maniériste flamande, inspirés des recueils d'ornement. Cette passion des recherches ornementales par des procédés purement graphiques anime des artistes comme Wendel Dietterlin, de Strasbourg, qui traite les ordres comme des thèmes poétiques et en tire des formes foisonnantes ; ce style peut être interprété comme un renouveau d'esprit gothique, mais il

84 W. Dietterlin, projet pour une porte décorative. Publiées au tournant des années 1600, les spéculations graphiques de l'Allemand Dietterlin sur les ordres antiques ont eu une influence sur les sculpteurs et décorateurs de la première moitié du XVIIᵉ siècle dans les pays germaniques.

annonce le baroque. Les sculpteurs des décors intérieurs en bois et des retables d'églises s'inspirent avec complaisance de ces complications ornementales. Les Zürn appliquent ce style mouvementé à la statuaire.

Cet art se propage dans les pays scandinaves, et l'un des plus beaux

85 L'immense palais Wallenstein à Prague, édifié de 1623 à 1629, à la construction duquel travaillèrent trois Italiens, fut un des premiers monuments baroques de l'Europe centrale.

exemples de ce maniérisme fleuri est la chapelle du château de Frederiksborg (1602-1620), véritable joyau d'orfèvrerie à l'échelle monumentale.

L'influence de l'art italien contemporain est amenée par les jésuites qui construisent plusieurs églises et collèges en pays germaniques; les électeurs de Bavière favorisent cet ultramontanisme qui, pendant la guerre de Trente Ans, se répand sans contrainte dans les territoires qui ont évité les horreurs du conflit et qui dépendent des Habsbourg. De 1623 à 1629, Wallenstein se fait construire à Prague par des architectes milanais un grand palais à l'italienne; son exemple sera imité à Vienne et à Prague même.

Après la guerre de Trente Ans, les pays germaniques ne trouvent pas immédiatement sur place les artistes dont ils ont besoin pour la reconstruction; ils les font venir d'Italie. La première phase du baroque de 1660 à 1690 est donc, tant en Autriche qu'en Bavière, sous la

86 Façade de l'église des Théatins, Munich. Entrepris en 1663, cet édifice est en Bavière une véritable importation romaine, réalisée par Agostino Barelli et Enrico Zucalli; au XVIIIᵉ siècle le Français Cuvilliès construisit la partie centrale de la façade.

87 Elsheimer, *la Fuite en Egypte*, Pinacothèque de Munich. Les effets d'atmosphère nocturne d'Elsheimer ont influencé des peintres aussi différents que Claude Lorrain et Rembrandt.

dépendance directe des artistes accourus d'Italie; en Autriche, ce sont les Carnevale, les Carlone; en Bavière, Agostino Barelli, Enrico Zucalli, qui élèvent la belle église des Théatins de Munich (1663-1690).

L'art baroque germanique original prendra son essor dans les domaines des Habsbourg vers 1690.

Francfort, grande ville de commerce est, au XVIIᵉ siècle, la seule cité où se poursuit une école de peinture originale; elle produit un peintre de natures mortes, Georg Flegel (1563-1638), et un paysagiste, Adam Elsheimer (1578-1610); ce dernier, par son goût des atmosphères nocturnes, a influencé Rembrandt, mais aussi Claude Lorrain, qui se rendit en Italie, où il est mort.

CHAPITRE SIX

Le XVIIe siècle en Pologne et en Russie

Pays catholique, la Pologne adossée au slavisme qui, jusqu'à Pierre le Grand, reste fermé sur lui-même, est tournée vers l'Occident ; elle connaît donc, dès le XVIIe siècle, l'essor de l'art religieux baroque romain et pratique le nouveau style à Cracovie, la vieille ville médié- vale et Renaissance, mais aussi à Varsovie. Celle-ci, en tant que nou- velle capitale va, comme Saint-Pétersbourg, mais bien avant celui-ci, devenir une sorte de laboratoire d'architecture ; il s'y construit un palais royal, des palais aristocratiques, de nombreuses églises qui reçoi- vent le décor de stuc et de peinture pratiqué à Rome et en Europe centrale. Dans la deuxième partie du XVIIe siècle, l'influence française commence à se faire ressentir.

Dès le XVIIe siècle, la Pologne possède des peintres qui sont infor- més de l'art flamand, italien ou hollandais et peuvent satisfaire aux demandes de portraits et de peinture d'histoire. La Pologne a été ainsi au XVIIe siècle le poste le plus avancé de l'art baroque et fut un des points de pénétration de l'Occident vers la Russie.

À la fin du XVe siècle et au XVIe siècle, la Russie s'était ouverte, timi- dement encore, aux influences occidentales ; bien que les influences byzantines aient été encore toutes-puissantes sur l'art religieux, les tsars avaient fait appel à des Italiens pour la construction du Krem- lin. Ceci n'était qu'une initiative aulique. Au XVIIe siècle, la connais- sance de l'art occidental pénètre en Russie à travers la Pologne et

88

88 Intérieur de l'église Saint-Pierre-et-Saint-Paul, Cracovie. Construite de 1605 à 1609 par l'Italien Giovanni Trevano, cette église, qui était celle d'un collège jésuite, est une des premières de caractère romain qui aient été construites en Pologne.

l'Ukraine; elle touche même l'art religieux. L'Église orthodoxe essaie d'y faire front et veut imposer la forme traditionnelle de l'église à cinq coupoles, interdisant l'église à pyramide, création autochtone qui, au siècle précédent, avait produit de beaux monuments; mais cette interdiction reste vaine et, tant à Moscou qu'à Iaroslavl et à Rostov, le plan à pyramide continue à inspirer les architectes. Dans l'ornementation de ces églises s'introduisent des éléments occidentaux. Moscou s'entoure d'une ceinture de couvents fortifiés, à l'intérieur desquels on construit des monuments annexes qui sont déjà en style baroque (couvents de Novo-Devitchy et de Zagorsk). Le style baroque, greffé sur une structure à pyramide, style mixte qui

110

89 Eglise de la Vierge du Signe, Doubrovitsy. Cet édifice est caractéristique de la première vague du style baroque qui, en Russie, se greffe sur le plan traditionnel de l'église orthodoxe.

est celui de certaines églises construites près de Moscou à la fin du XVIIe siècle (église de Doubrovitsy, 1690-1704), porte la désignation de «style Narychkine», du nom des boïars qui construisirent certains de ces édifices dans leurs domaines et qui vivaient à l'européenne (église de Fili, 1693).

À cette époque, l'architecture profane ne produit que peu de monuments, les palais étant, pour la plupart, en bois.

Malgré les décrets impératifs de l'Église orthodoxe qui interdisent tout changement dans l'art des icônes, et qui, en 1654, ordonnent même la destruction des images non conformes aux canons, cet art se ressent aussi des influences occidentales, d'autant plus que depuis

89

111

un siècle et demi l'exemple de Constantinople n'était plus là pour les contrebalancer. Le «style grec» se meurt et le style franc (friaz), inspiré de l'Allemagne, de la Hollande, tend à s'infiltrer (fresques de Iaroslav et de Rostov).

90   L'iconostase voit alors se développer les éléments décoratifs aux dépens des icônes; ce décor accueille l'ornementation baroque et notamment la colonne salomonique à symbolisme eucharistique qui ainsi fait le tour de toute la chrétienté catholique et orhtodoxe, n'étant ignorée que par les calvinistes.

90 L'iconostase de la cathédrale de Polotsk s'orne de colonnes salomoniques et d'autres motifs d'ornementation baroque.

CHAPITRE SEPT

Le XVIIᵉ siècle en France

Pays le plus peuplé du continent, fortement centralisé autour du pouvoir royal, la France est au XVIIᵉ siècle le plus puissant d'Europe. Sa prépondérance politique se substitue à celle de l'Espagne qui avait dominé ses voisins au siècle précédent.

Au XVIᵉ siècle, la France avait su, mieux que tous, assimiler l'esprit de la Renaissance italienne. Néanmoins, vers les années 1600, elle connaît une crise artistique grave, les guerres de religion ayant épuisé ses forces et tari en elle l'instinct créateur. Henri IV relance la construction, mais l'école de peinture restera très pauvre jusque vers les années 1640. Les meilleurs artistes français, comme le Valentin, Poussin, Claude Lorrain, quittent la France et vont enrichir la peinture romaine, privant leur pays de l'impulsion créatrice que leur présence lui aurait apportée.

Pendant le règne du roi Louis XIII, il tend cependant à se former un art de cour ; sous Louis XIV, les principales formes de l'art français se concentreront autour de la cour que le roi transportera à Versailles, mobilisant à son profit les plus grands talents. Commencée en 1661, l'entreprise de Versailles est menée activement pendant une trentaine d'années. À la fin du siècle, le château, avec son jardin et son décor, se révèle comme l'expression la plus haute de l'art monarchique, et tous les princes de l'Europe au XVIIIᵉ siècle s'efforceront de l'imiter, ce qui vaudra à l'art français un rayonnement universel.

Pour obtenir ce résultat, le Premier ministre de Louis XIV, Colbert, organise la production artistique d'une façon rationnelle, créant ou encourageant diverses institutions propres à développer les arts et la culture. Le mouvement académique tend à prendre en France la direction du goût et du progrès intellectuel. En 1661 Colbert donne l'élan définitif à l'Académie de Peinture et Sculpture, qui avait été fondée en 1648 ; la Petite Académie dite des Inscriptions, instituée en 1663, est chargée de donner son avis sur les programmes iconologiques, sur les devises des monnaies et les inscriptions. L'Académie des Sciences est fondée en 1666, l'Académie d'Architecture qui ne sera créée officiellement qu'en 1671, sera une pépinière de bâtisseurs ; elle sera suivie en 1672 de l'Académie de Musique, de Déclamation et de Danse. L'Académie de France à Rome, instituée en 1666, reçoit les meilleurs élèves, peintres, sculpteurs ou architectes, pour les former à l'école des beaux exemples de l'Antiquité qui, en France plus encore qu'en Italie, est considérée comme le modèle inimitable. Les conférences de l'Académie de Peinture et de Sculpture, suivies de discussions et de controverses, finissent par élaborer une sorte de doctrine officielle, fondée sur le principe du beau idéal, mais corrigée par les théories sur l'expression, qui ont une grande vogue en France.

Pour assurer l'essor des arts industriels, Colbert, par tous les moyens, encourage dans plusieurs villes du royaume des manufactures de tissus, notamment à Lyon ; il débauche des ouvriers de Venise pour importer en France la technique de la fabrication des miroirs dont une des premières applications monumentales est la galerie des Glaces de Versailles. Pour la tapisserie, il regroupe les différentes manufactures parisiennes à l'hôtel des Gobelins qui est créé en 1662 comme Manufacture royale, sur laquelle Charles Le Brun – qui reçoit le brevet de premier peintre du roi le 1er juillet 1662 – aura la haute main. Mais la tapisserie n'est pas l'unique objet de la Manufacture royale, sa mission est aussi de favoriser la création des divers arts et métiers, et d'être une école d'art où se formeront des orfèvres, fondeurs, graveurs, tapissiers, lapidaires, ébénistes, teinturiers. La direction administrative des arts est assumée par Colbert lui-même, surintendant des bâtiments ; la direction artistique appartient au premier peintre Charles Le Brun qui élabore ou approuve tous les projets.

Ces initiatives artistiques de Colbert font partie de sa politique générale qui tendait à rendre la France indépendante de l'étranger, en la dotant des industries et métiers propres à lui assurer les produits manufacturés qu'elle était jusqu'alors obligée de se procurer au dehors. Les résultats passeront les espérances ; un véritable coup de fouet sera donné à la création artistique ; la France de Louis XIV créa un nouveau style décoratif qu'à son tour elle allait exporter en Europe ; elle gardera jusqu'à la fin du XVIIIe siècle la première place dans la production des meubles et tapisseries. Les autres nations ne tarderont pas d'ailleurs à imiter la France en créant des académies et des manufactures officielles, pour stimuler la production artistique nationale.

L'ARCHITECTURE

Ralentie à la fin du XVIe siècle par les guerres de religion, la construction reprend en France avec une grande activité sous le règne de Henri IV. Contrairement à l'Italie, ce n'est pas la bâtisse religieuse qui domine, mais la construction profane ; le style de la Contre-Réforme pénètre grâce aux jésuites ; malgré cela, la France ne renonce pas tout de suite à ses traditions, et la «romanisation» complète de l'architecture religieuse ne se fera que sous le règne de Louis XIII ; Henri IV fait reprendre la construction dans les châteaux et palais royaux ; l'emploi de la brique permet une exécution rapide ; le roi entreprend des programmes édilitaires, dote Paris de deux grandes places (la place des Vosges, la place Dauphine). Quand il n'est pas fait de simples chaînages de pierre sur les murs de brique, le décor de ces bâtiments est fort lourd, et par ses proportions et son vocabulaire se situe dans le prolongement de la dernière phase de l'architecture du XVIe siècle qui était maniériste (Hôtel de Ville de La Rochelle, collège des jésuites de La Flèche). Vers 1625-1630, la surcharge des

91

ornements sculptés extérieurs et la richessse du décor intérieur, fait
de lambris peints et dorés, pourraient faire penser que ce maniérisme
va tendre vers le baroque et que la France va s'orienter vers la manière
qui règne alors en Italie; mais vers 1635-1640, la tendance se renverse,
et la France élabore les principes du style classique qu'elle poursuivra jusqu'à la fin du XVIIIe siècle. Jacques Le Mercier
(1580/1585-1654), continuateur du Louvre et constructeur des chapelles de la Sorbonne et du Val-de-Grâce, avait déjà épuré le maniérisme de l'âge précédent et appliqué les ordres correctement. Le style
classique français est défini par François Mansart (1598-1666) au château de Blois (1635). La façade de pierre est faite de trois ordres superposés dont les proportions se combinent harmonieusement avec les
hauts toits «à la française» et les sveltes cheminées, éléments de décor
traditionnels en France depuis la Renaissance. Mansart perfectionne

92

91 Chapelle du collège des jésuites de La Flèche. Cet édifice religieux, construit dans les premières années du XVIIe siècle par le Père Martellange, interprète le plan du Gesù à nef unique
et chapelles latérales dans un esprit qui rappelle encore le style Renaissance.

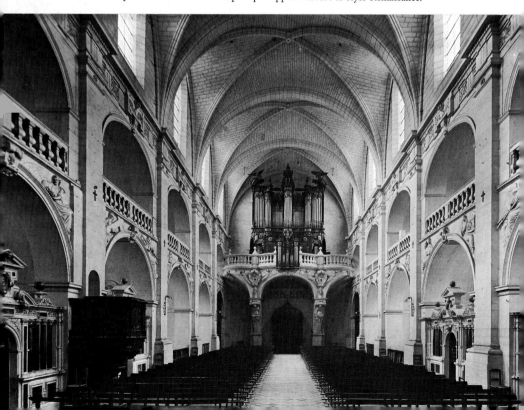

92 Façade de la chapelle de la Sorbonne, Paris. Comparée à la précédente, cette église, construite pour le cardinal de Richelieu à partir de 1629 par Le Mercier, montre les progrès de la romanisation dans l'architecture française.

ce type dans le château de Maisons-Laffitte (1642-1650), où son goût classique va jusqu'à renoncer aux lambris dorés des intérieurs pour un décor de pierre, fort sobre. Il adopte le type de château ouvert, articulé en diverses ailes, sans cour intérieure, de manière que toutes les ailes ouvrent soit sur le parc, soit sur la cour d'entrée. À la même époque, se crée à Paris un type d'habitation noble dont la façade se trouve reculée par rapport à la rue, sur laquelle s'ouvre un grand portail; on l'appelle l'«hôtel entre cour et jardin». (L'expression est tirée du théâtre et vient de la position «entre cour et jardin» de l'opéra construit par Mazarin aux Tuileries.)

Avant que Louis XIV, ayant pris à la mort de son ministre le cardinal Mazarin les rênes du gouvernement, ne donne à l'art cette impulsion monarchique qui lui avait manqué dans la première moitié du

93 Le château de Maisons-Laffitte. Construit par François Mansart dans un style noble avec un décor intérieur entièrement en pierre, ce château est une des premières œuvres du classicisme français.

siècle, l'état de l'art français était marqué par une entreprise digne d'un roi, celle du château de Vaux-le-Vicomte (1656-1661), réalisé avec une extrême rapidité par l'ambitieux surintendant des Finances, Nicolas Fouquet, qui tomba en disgrâce et fut emprisonné à vie en 1661. Le château, formé de divers pavillons assemblés autour d'un dôme, qui domine un grand salon ovale, est construit par Le Vau (1613-1670); l'intérieur est décoré de peintures et de stucs par Charles Le Brun. Devant le château, l'architecte paysagiste André Le Nôtre (1613-1700) crée la première de ses vastes perspectives faites de parterres d'eau et de verdure, encadrés de bosquets, qui procurent à l'habitant du château une vue immense, percée grandiose prolongeant l'architecture au milieu de la nature.

C'est Le Vau qui domine alors l'architecture française; son style quelque peu chargé semble montrer une hésitation entre le classique et le baroque; le besoin de créer une monumentalité grandiose à l'échelle du pouvoir royal qui, en la personne de Louis XIV, manifeste désormais son orientation sur les arts, pourrait faire renaître

94

une forme baroque. La crise que traverse alors l'architecture française se manifeste bien lors du concours institué pour le projet de
la façade orientale du palais du Louvre par Louis XIV, insatisfait des
projets que lui proposent ses architectes ; le concours est ouvert à
des architectes italiens, et le prestige du Bernin – alors à l'apogée
de sa carrière – est tel qu'en 1665, Louis XIV le fait venir en France
pour mettre fin à la crise. Mais celle-ci, par la volonté du monarque
se dénouera en sens inverse : les projets du Bernin déplairont, et c'est   95
une commission désignée par le roi et formée de Le Brun, Le Vau
et Claude Perrault qui élaborera la colonnade du Louvre, le monu-   96
ment le plus classique de l'architecture française et qui en dominera
l'évolution jusqu'à la fin du XVIIIᵉ siècle. Un ordre colossal de colonnes corinthiennes jumelées, détachées du fond, surmonte un soubas-
sement sans bossages et se termine par une terrasse à l'italienne.
   Lorsque le roi, quittant Paris, transporte à Versailles le siège de

94 Le salon Ovale du château de Vaux-le-Vicomte. Le salon Ovale de Vaux, décoré d'après
les projets de Charles Le Brun qui y exécuta lui-même les peintures, constitue une forme qui
sera beaucoup imitée au XVIIIᵉ siècle, principalement dans les pays germaniques.

95 Projet du Bernin pour l'entrée orientale du Louvre.

96 La colonnade du Louvre. En comparant le noble classicisme de la colonnade au baroquisme du projet du Bernin, on comprend comment celui-ci ne pouvait plaire à Louis XIV, qui cependant combla l'artiste d'honneurs et lui commanda son buste.

97 Vue aérienne du château de Versailles. La demeure royale s'étale en façade sur les jardins. Elle est le point de convergence des trois larges avenues autour desquelles s'ordonnent la ville et la perspective du parc.

sa cour et de son gouvernement, c'est à l'équipe qui avait travaillé à Vaux-le-Vicomte – Le Vau, Le Brun et le Nôtre – qu'il confie le soin de réaliser cette création qu'il veut la plus grandiose de l'Europe. L'architecture du château, édifié en plusieurs étapes, agrandi et trans- 97 formé, n'est pas en elle-même très caractéristique. Jules Hardouin Mansart (1646-1708) viendra heureusement corriger les mauvaises proportions de le vau; la pureté de son classicisme est plus nette dans le Grand Trianon ou Trianon de marbre, petit château de plaisance 100 élevé à quelque distance du grand, ou dans le Dôme des Invalides (1679), où il tempère harmonieusement l'horizontalité des ordres par

98 La galerie des Glaces de Versailles. Architecturalement conçue par Mansart, la galerie des Glaces fut décorée sur les dessins de Le Brun qui en peignit les plafonds. Le décor de glaces, alors une nouveauté, aura un énorme retentissement dans les pays germaniques au XVIIIᵉ siècle.

99 Vue générale des jardins de Versailles. Par l'heureuse ordonnance des bosquets, des statues, des pelouses et des bassins, Le Nôtre établit une lente progression qui conduit le regard jusqu'aux lointains de l'horizon.

le verticalisme traditionnel. Dans le décor intérieur (grands appartements et galerie des Glaces, Jules Hardouin Mansart et Le Brun, le
premier peintre, renoncent aux lambris dorés, en usage sous
Louis XIII, pour adopter un décor à l'italienne fait de marbres polychromes, de bronzes dorés et de peintures; mais cette richesse est ordonnée d'une façon classique, c'est-à-dire soumise aux modules de l'architecture. Quant à Le Nôtre, il établit cette perspective de trois
kilomètres qui conduit l'œil jusqu'à l'horizon, aménageant dans ces
jardins toutes une ordonnance de verdure, d'espace et d'eau, eau dor-
mante (miroirs) ou jaillissante, architecturée en des formes multiples. Dans le cadre de ces jardins, des architectures de rocaille (la salle
de bal) ou de marbre (la colonnade), des groupes sculptés, antiques
ou modernes, créent une atmosphère mythique faisant de l'ensemble un lieu dédié à la gloire du Roi Soleil, cadre magnifique pour les
fêtes, tournois, ballets, feux d'artifice et jeux divers qui ne cessent
de s'y dérouler.

Le classicisme français est alors élevé, en littérature comme dans
les arts, à la dignité d'une institution. Critiques et poètes ne cessent
de vanter la «belle simplicité» aux dépens de cette licence effrénée
de l'architecture romaine, «plus barbare et moins plaisante que le
gothique».

Dans la deuxième partie du règne, de 1690 à 1715, l'architecture
et les arts monumentaux sont dominés par la personnalité de Jules
Hardouin Mansart, prolongée par celle de son neveu Robert de Cotte
(1656-1735). D'autres châteaux (Marly, Saint-Cloud) sont élevés autour
de Versailles, la France se couvre de châteaux, et Paris, qui n'est pas
délaissé par la noblesse, voit s'édifier de nombreux hôtels. Le roi,
d'ailleurs, s'il a délaissé sa capitale, ne l'abandonne pas et la dote de
grands ensembles monumentaux: achèvement de la cour carrée du
Louvre, hôtel des Invalides pour les invalides de guerre, enfin des
places dont toutes les façades doivent obéir à une ordonnance classique et qui, centrées autour d'une statue équestre ou pédestre du roi,
constitueront les modèles de la «place royale», qui seront imités au

XVIIIᵉ siècle dans toute l'Europe du Nord (place Vendôme, place des Victoires). Au-delà du jardin des Tuileries qui est le parc du palais du Louvre, Le Nôtre crée une de ces percées immenses menant à l'horizon dont il a donné le goût à l'époque; ce sera la grande voie triomphale de Paris (avenue des Champs-Elysées).

Vers la fin du règne, le classicisme français tend vers une élégance plus châtiée, dont la chapelle royale de Versailles (1699-1710), dessinée par Mansart et terminée par Robert de Cotte, donne la juste mesure.

LA SCULPTURE

La continuité de la tradition classique est peut-être plus frappante dans la sculpture; cette tradition avait été créée en pleine époque maniériste, du temps du roi Henri II, par Jean Goujon qui avait décoré le palais du Louvre; elle ne s'est plus démentie par la suite.

Ce n'est pas que les artistes ignorent l'Italie; certains vont s'y instruire, d'autres y font des séjours si longs qu'ils s'incorporent aux centres artistiques d'outremont, comme Pierre de Francheville qui travaille longtemps à Florence où il prolonge l'art de Jean de Bologne. Mais tous résistent à l'exemple du berninisme. Le seul qui s'y soit montré sensible est, du temps de Louis XIV, Pierre Puget (1622-1694); mais c'est une exception qui confirme la règle, car il est originaire de la Provence, région où, en architecture même, on suit les modèles italiens plutôt que ceux de Paris, et il a travaillé à Gênes. À l'époque de Louis XIII et dans la première partie du règne de Louis XIV, cette tendance classique se nourrit d'une sorte de probité réaliste, qui apparaît bien dans les nombreux monuments funéraires, requérant l'art du portrait, que produisent Gilles Guérin (1606-1678), Simon Guillain (1581-1658), François Anguier (1604-1669); Michel Anguier, frère cadet du précédent (né en 1612), prolonge cette tendance jusqu'en 1686, date de sa mort. Aussi bien dans les monuments funéraires que dans les travaux de décorations monumentale, Jacques Sarrazin (1588-

101

125

100 Le Grand Trianon par Mansart au château de Versailles. Mansart, dont l'art était contraint au château par les réalisations antérieures de Le Vau, donna toute la mesure de son classicisme élégant et pur au Grand Trianon, édifié en calcaire blond et marbre rose.

1660) pratique le classicisme avec tant d'aisance qu'il annonce directement l'art de Girardon.

Le décor de Versailles et des maisons royales, les programmes somptuaires, édilitaires et funéraires du règne de Louis XIV allaient fournir à la sculpture l'occasion d'une activité intense. Charles Le Brun en prend la direction ; son imagination inlassable fournit aux sculpteurs d'innombrables dessins et projets, qui apportent à beaucoup d'honnêtes praticiens le soutien de l'inspiration, le sens de la composition monumentale. Le plus grand des sculpteurs de Versailles est François Girardon (1628-1715), auteur de plusieurs statues ou groupes sculptés pour le parc, et notamment du groupe d'*Apollon servi par les Nymphes* (1668) ; son classicisme est si pur qu'il rejoint celui de Phidias ; ce n'est pas d'ailleurs une rencontre purement fortuite ; les Français ont alors le pressentiment que la

102

126

source véritable du classicisme est en Grèce et non à Rome, au point qu'en 1696 un directeur de l'Académie de France à Rome suggérait de créer une école d'Athènes pour y former les architectes et les sculpteurs. Dans sa statue de la place Vendôme (achevée en 1699), Girardon crée le type de la statue royale équestre dont le costume et le geste sont renouvelés du type de l'empereur romain. 103

Antoine Coysevox (1640-1720) a plus d'imagination que Girardon qui doit beaucoup aux conseils de Le Brun; la sérénité des attitudes, le calme des expressions, même dans les monuments funéraires, le rattachent aussi au mouvement classique; cependant une note de berninisme apparaît dans ses portraits en buste qui sont peut-être la part la plus géniale de son art. Qu'il soit le roi, un général, un financier, un ministre ou un artiste, le personnage dont les traits sont magnifiés pour l'histoire est toujours montré « en action », dans un mouvement de tête, de draperie et de perruque 104

101 Puget, *Milon de Crotone*, Musée du Louvre. Ce groupe, qui ornait jadis les jardins de Versailles, illustre la légende de Milon, l'athlète vieilli qui, sa main étant restée prise dans un arbre, fut dévoré par un lion. Symbole de la force inutile et douloureuse qui convenait au baroquisme de Puget.

qui met en valeur l'âme noble et inspirée de cet homme de qualité. Le Bernin est l'inventeur de ce type de portrait « glorieux », et il n'est pas douteux que son buste de Louis XIV, commandé par le roi en 1665, n'ait eu une action décisive sur ce genre en France.

La sculpture en bronze connaît un magnifique développement sous le règne de Louis XIV ; les jardins de Versailles requièrent un grand nombre d'œuvres exécutées dans le métal ; la famille des Keller pratique des fontes d'une finition admirable ; pour les décors des jardins on crée un type de sculpture de facture plus rapide, réalisé en plomb.

LA PEINTURE

On a continué de situer le point de départ de l'école française au retour à Paris, en 1627, de Simon Vouet, qui venait de passer quinze

102 François Girardon, *Apollon servi par les Nymphes*, bosquet d'Apollon aux jardins de Versailles. Ce groupe réalisé en 1668, qui est une des expressions les plus pures du classicisme français, fut présenté à la fin du XVIIIᵉ siècle dans une atmosphère romantique par Hubert Robert. Il avait d'abord été conçu comme ornement d'une grotte revêtue de coquillages.

103 Réduction de la statue de Louis XIV pour la place des Conquêtes (place Vendôme) à Paris, par François Girardon, Musée du Louvre. Mansart et Girardon réalisèrent la place Vendôme, le chef-d'œuvre de la «place royale», qui devait être imitée dans toute l'Europe. Terminée en 1699, la statue de Girardon inspira notamment celle du Grand Electeur à Berlin par Andréas Schlüter.

années à Rome et qui fut alors rappelé par le roi. L'effort fait par Henri IV pour reconstituer en France une école d'art n'avait pu aboutir qu'en architecture, mais la peinture était si indigente que Marie de Médicis, voulant faire célébrer l'histoire de sa vie en son palais du Luxembourg, avait dû faire appel à Rubens. 49

Simon Vouet (1590-1649) qui, pendant son séjour à Rome, avait 105 suivi l'influence du Caravage, transforma sa manière à Paris et créa un style décoratif, au coloris clair et joyeux, au baroquisme tempéré. Il ne parviendra pas cependant à créer un art de cour. La conscience de cette carence amena Richelieu et le surintendant Sublet des Noyers à attirer en France Poussin, devenu célèbre à Rome. Le surintendant avait tout un programme d'organisation des arts,

129

104 Buste du Grand Condé par Coysevox, Musée du Louvre. Selon les théories de l'expression, mises en valeur par Le Brun, Coysevox montre le héros dans le feu de l'action, livré à l'inspiration du génie, conception baroque dont le Bernin avait montré à Paris l'exemple dans le buste que lui avait commandé Louis XIV.

semblable à celui que réalisera plus tard Colbert. Poussin, qui est venu de mauvais gré à Paris, en 1640, se voit accablé de tâches qui l'éloignent des spéculations personnelles de son art; celles-ci lui importent seules; aussi repart-il en 1642, et la tentative de Richelieu et de Sublet des Noyers reste sans lendemain.

106   Eustache Le Sueur (1617-1655), qui n'a jamais été en Italie, pratique, également dans la manière claire, un classicisme élégant, inspiré de Raphaël et du Corrège; comparée aux œuvres hagiographiques italiennes, sa *Vie de saint Bruno* est typique de la façon sobre dont les Français conçoivent le tableau de sainteté. À la fin du règne de
107 Louis XIII et au début de celui de Louis XIV, Philippe de Champaigne (1631-1681) transporte dans le portrait ce naturel et cette simplicité, donnant aux personnages qu'il peint une gravité, une austérité, où l'on a voulu voir une influence du jansénisme. Les Français de cette époque confèrent à toutes les images peintes un accent d'élévation spirituelle. Rien n'est plus remarquable à cet égard que la peinture

130

des trois frères Le Nain, Antoine (1588-1648), Louis (1593-1648) et 109 Mathieu (1607?-1677); chez eux, les figures de paysans, qui ailleurs 108 inspirent des scènes truculentes, pittoresques ou satiriques, ont une gravité silencieuse. Le naturel et la dignité humaine inspirent toutes les effigies peintes par les artistes français, que ce soit de princes, de bourgeois ou de gens du peuple.

Le baroquisme ne touche la France que par la bande, en province; il inspire à Nancy le dessinateur et graveur Jacques Callot (1592-1635) qui s'est formé à Florence. En Lorraine encore, Georges de La Tour 110 (1590?-1652), qui sans doute a été en Italie, emprunte au caravagisme son éclairage de cave, son populisme qui fait jouer les scènes religieuses par des personnages plébéiens. Bornées à quelques figures, ses

105 Simon Vouet, *la Richesse*, Musée du Louvre. L'opulence charnelle, le coloris joyeux de Simon Vouet en font une sorte de Rubens français. Revenu de Rome en 1627, il devient le peintre de cour du règne de Louis XIII, et fonde la tradition décorative d'où découle Le Brun.

compositions sont parmi celles qui, au XVIIᵉ siècle – ce siècle de l'âme – expriment le plus profondément le sentiment pathétique de la vie intérieure. À Dijon, Jean Tassel (1608?-1667) prolonge le maniérisme. Sébastien Bourdon (1616-1671), issu du Languedoc, est un virtuose qui imite divers peintres, mais avec un fort beau métier. À Toulouse, Robert Tournier (1590-1667) pratique un art grave qui relève aussi du caravagisme. À Paris, Claude Vignon (1593-1670), qui a été à Rome, peint comme on le fait en province, c'est-à-dire dans le clair-obscur, alors que l'école parisienne est adonnée à la peinture claire.

Cependant, l'expression la plus profonde de l'esprit français dans la peinture du XVIIᵉ siècle est à Rome et non à Paris. Si Le Valentin (1594-1632) s'est rangé sous la bannière du Caravage – dont il a compris l'esprit mieux que certains Romains – Poussin et Claude Lorrain, tout en ayant bénéficié des leçons de l'art italien et même de leurs contemporains, se séparent de l'esthétique régnant à Rome au temps du Bernin et élaborent les formes les plus accomplies du classicisme, prolongeant en quelque sorte l'esthétique de la Renaissance.

Nicolas Poussin (1594-1665) est une abeille qui a su faire son miel de tout ce qui lui était bénéfique. À Rome, il n'a garde d'ignorer le Dominiquin, de négliger les paysages d'Annibale Carrache ; mais surtout il s'assimile toutes les formes du classicisme, celles de Raphaël, des Vénitiens, de la peinture (*les Noces Aldobrandines*) et de la sculpture antiques. Il n'est dans le XVIIᵉ siècle rien d'aussi étranger au Caravage, qu'il déteste, que l'art de Poussin. Même les artistes les plus opposés à l'esprit du caravagisme comme Guido Reni lui doivent une certaine manière de diriger la lumière de façon à donner au modèle un accent prononcé ; la lumière de Poussin est distribuée

106 Eustache Le Sueur, *la Mort de saint Bruno*, Musée du Louvre. Ce tableau est le plus célèbre d'un cycle de vingt-deux peintures qui décoraient le cloître des Chartreux à Paris. Cette représentation de la mort, noble et classique, a eu une grande influence dans la peinture française, et même hors de France.

Poussin connaît pendant une dizaine d'années une manière sensuelle, particulièrement apparente dans les *Bacchanales*, genre qu'il reprend à Titien et à Bellini, dont il étudie les peintures des *camerini d'oro* de Ferrare, qui se trouvent alors à Rome. Ce thème est une manière d'exprimer la liberté des instincts dans l'innocence de l'âge d'or; 111 le *Parnasse* (Prado) ou le *Triomphe de Flore* (Dresde), d'une façon plus intellectuelle empruntée cette fois à Raphaël, expriment le même sentiment. La peinture de Poussin, dans cette première phase, s'alimente à d'autres sources de l'imaginaire, les romans modernes – particulièrement *Renaud et Armide* et la *Jérusalem délivrée* du Tasse, qui ont exercé une grande fascination à l'époque. Dans le choix de ses sujets, Poussin paraît avoir été le plus souvent libre; il est un des peintres du siècle qui considèrent la peinture comme une spéculation personnelle; pour lui, c'est une spéculation à la fois philosophique et esthétique. Les sujets religieux, le plus souvent 112 bibliques, lui ont-ils été dictés? Toujours est-il qu'il s'y sent quelque peu contraint, son imagination y est moins à l'aise. Toutefois, la série des *Sept Sacrements* peinte pour Cassiano del Pozzo est de sa meilleure veine; peinte dans un coloris joyeux, elle tend à être une reconstitution de la vie chrétienne antique; tous ces petits tableaux manifestent le sentiment religieux comme une forme de l'ingénuité de l'âme, de même que les tableaux païens étaient l'expression d'un état d'innocence primitive.

Vers les années 1648, la sensibilité de Poussin se laisse gagner par un appel profond de la nature; le paysage domine alors son œuvre; il lui donne toujours une signification humaniste, c'est-à-dire qu'il fait de la nature le cadre de quelque fait de la Fable: *Orion*, Metro-113 politan Museum, *Orphée*, Louvre, *Polyphème*, Saint-Pétersbourg; de

109 Le Nain, *la Forge*, Musée du Louvre. Les trois frères Le Nain ont formé un atelier collectif, ayant soin de ne distinguer par aucun signe particulier leur production personnelle. Les plus beaux tableaux, les plus graves et les mieux peints, sont attribués à Louis, l'un des deux aînés.

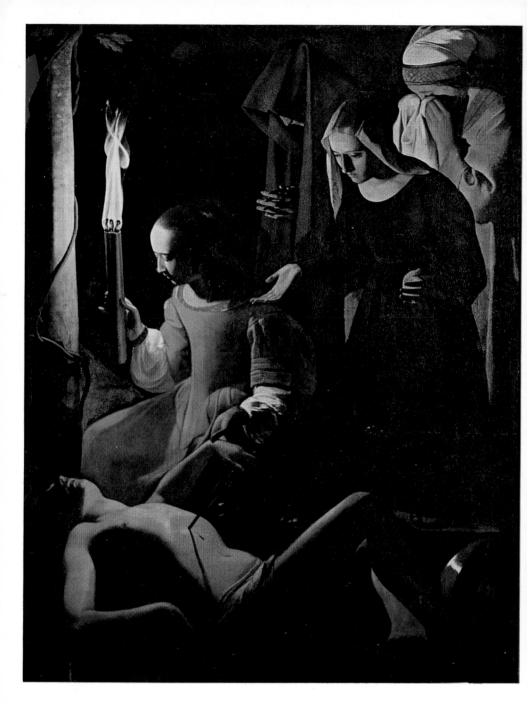

111 Poussin, *le Triomphe de Flore*, Musée du Louvre. Peint dans la première période romaine de Poussin, ce tableau s'inspire pour la composition et le coloris des Bacchanales de Titien. Son sujet est une sorte d'anthologie, choisie dans les *Métamorphoses* d'Ovide.

110 (*Page de gauche*) Georges de La Tour, *Saint Sébastien assisté par sainte Irène*.

la philosophie (*Diogène*, Louvre), ou de l'histoire biblique (les *Quatre Saisons*, Louvre); il ordonne les plans de ses paysages d'une façon harmonieuse, mais les détails sont d'une facture infiniment sensible, quoique réfléchie, qui souvent annonce celle de Cézanne.

Poussin, s'il a vécu à Rome, a été célébré en France, dès le règne de Louis XIV, comme le plus grand peintre français; alors que Claude Lorrain était fort goûté de l'aristocratie romaine, Poussin vendait beaucoup à Paris, principalement à la noblesse de robe, et il était en correspondance suivie avec plusieurs mécènes parisiens; Louis XIV acquit un grand nombre de ses tableaux; à l'Académie de Peinture et de Sculpture, où l'on admirait notamment ses peintures bibliques,

112 Poussin, *Moïse sauvé des eaux*, Musée du Louvre. Peint en 1638, ce tableau appartient à la première période de Poussin, marquée par une certaine sévérité. Exécuté dans des tons nuancés, il est une des expressions les plus raffinées du classicisme français.

ses œuvres faisaient l'objet de conférences savantes et de dissertations pédantes; il en est résulté une sorte d'esthétique officielle – le poussinisme – qui a connu plusieurs étapes jusqu'au XIXᵉ siècle, et a quelque peu contribué à orienter l'école française vers l'académisme. Le poussinisme a longtemps masqué Poussin lui-même et a empêché de comprendre la sensibilité d'un art dont on a voulu faire l'expression type de l'intellectualisme.

Si, sauf en quelques tableaux trop concertés, l'art de Poussin, grâce à la qualité de l'exécution, est resté fort sensible, son élaboration n'en est pas moins l'œuvre de la méditation. Tout autre est celui de Claude Lorrain. Poussin est esprit et Claude est intuition et

113 Poussin, *Paysage au Polyphème*, Musée de l'Ermitage, Saint-Pétersbourg. Peint en 1649, ce tableau inaugure la dernière période de la vie de Poussin, dont la poétique se hausse à un sentiment cosmique, mais toujours interprété sous forme mythologique.

instinct. Plus que pour Poussin, la nature est, dès le début, la source même de l'art de Lorrain, qui est celui d'un paysagiste. Les origines de cet art sont fort différentes de celui de Poussin. Claude Gellée, qui est d'origine lorraine, arrive très jeune à Rome où il commence à végéter dans des emplois très modestes. Reparti en Lorraine en 1625, il revient définitivement en 1627. Il demande alors des exemples, non point tant à la peinture italienne qu'à celle de certains artistes nordiques qui ont élaboré à Rome une formule originale de paysage, source de la conception classique de la nature : le Flamand Paul Bril, qui lui a appris l'art de la composition, l'Allemand Elsheimer, d'où il semble avoir tiré le sens de l'atmosphère. La vie de Claude

Lorrain est moins bien connue que celle de Poussin, car il nous manque la ressource de la correspondance, si précieuse pour la compréhension du peintre des *Quatre Saisons*. Mais il nous reste en innombrables feuillets, les confidences mêmes du peintre, ses études d'après la campagne romaine, réalisées au lavis de bistre avec, parfois, quelques rehauts de sanguine. Ce qui séduit Claude dans le paysage du Latium, c'est la beauté de la lumière, et c'est par les nuances de l'éclairage qu'il donne l'impression de l'espace. Il est le premier peintre à avoir regardé le soleil en face dans la splendeur de l'aube, du méridien ou du couchant, à avoir exprimé la poésie des différentes heures du jour. Profondément imprégné de nature, à l'atelier il compose ses tableaux mais en les animant, à la façon classique, par quelque action empruntée à la Fable, à l'histoire ancienne ou à la Bible. Ses procédés de composition sont plus variés que ceux de Poussin, certains découlent directement des traditions nordiques; l'unité de la toile est toujours obtenue par l'enveloppe atmosphérique, par ce fluide lumineux qui imprègne les choses et les frange de clarté. les plus beaux de ses tableaux sont peut-être ceux où il fait intervenir la mer dont il a pu étudier les effets dans un voyage qu'il fit à Naples.

114 Claude Lorrain, *le Tibre en amont de Rome*, British Museum, Londres. Bien qu'il ait peint des esquisses en plein air, nous ne conservons des études exécutées d'après nature par Claude Lorrain que ses innombrables dessins, le plus souvent au lavis; ce sont d'incomparables évocations de la lumière italienne.

115 Claude Lorrain, *l'Embarquement de la reine de Saba*, National Gallery, Londres. Claude Lorrain emprunte au Flamand Paul Bril le thème du port de mer mais le fait passer de l'illustration réaliste à l'évocation héroïque, célébrant la beauté de la lumière solaire dans une architecture de féerie.

Elle est pour lui un élément poétique qui multiplie la lumière; il l'entoure de palais de rêves, motivant souvent ses tableaux par des embarquements et des débarquements, empruntés à l'histoire ou à la légende. Il a parfois ordonné ses tableaux par pendants ou par séries qu'il importe de rétablir pour apprécier les cadences subtiles qui lient une peinture à l'autre. Son œuvre peut être assez bien suivie grâce à un livre de raison, le *Livre de vérité* (British Museum), où il faisait figurer en dessins les tableaux qu'il avait vendus, avec l'indication de leur propriétaire. Alors que l'art de Poussin suggère l'élévation de la pensée, c'est l'essor poétique du rêve qui semble avoir été le stimulant de l'inspiration chez Claude Lorrain. Il a malheureusement pâti lui aussi des fonds rouges qui ont assombri ses toiles, et sa peinture, plus fragile que celle de Poussin, a souffert, plus que celle de son confrère, de l'action des restaurateurs de tableaux.

Claude Lorrain a connu en France moins de succès que Poussin ; il a laissé cependant un sillage dans le paysage français, que les artistes d'ailleurs ont puisé directement dans les exemples conservés à Rome. C'est en Angleterre, au XVIIIᵉ siècle, que Claude Lorrain a suscité le plus d'enthousiasme de la part des amateurs ; encore aujourd'hui, les plus beaux de ses tableaux sont conservés dans ce pays. Au XIXᵉ siècle, l'exemple de Claude Lorrain aura une grande action sur Turner.

À Paris et à Versailles, sous le règne de Louis XIV, la peinture française prend une orientation différente de ce qu'elle avait été à l'époque précédente, où plusieurs artistes, tels Philippe de Champaigne, Le Nain, la faisaient évoluer dans le sens de la probité réaliste, tandis qu'à Rome Poussin et Claude créaient chacun leur poétique propre. Mobilisée pour la gloire du prince, la peinture à Versailles, sous le règne de Louis XIV, se rapproche de ce qu'elle avait été dans l'école romaine de la première partie du XVIIᵉ siècle ;

116 ses buts sont d'ordre décoratif et, grâce à Charles Le Brun, l'art français conquiert cette aisance à animer les formes de grandes compositions, qui lui avait toujours manqué, ce qui est particulièrement sensible chez Vouet qui n'avait jamais été capable que de peindre des tableaux de quelques personnages sur une surface limitée. Au plafond de l'hôtel Lambert, à Paris, comme à celui du salon du château de Vaux ou à celui de la galerie des Glaces à Versailles, dans la série des immenses tableaux de l'*Histoire d'Alexandre*, Charles Le Brun se montre l'émule des décorateurs italiens. Au cours du séjour qu'il a accompli à Rome entre 1642 et 1646, il a su assimiler cet art de la composition dont avaient fait preuve les Carrache, notamment à la galerie d'Hercule du palais Farnèse, qu'il a beaucoup étudiée.

À Paris, il n'a pas négligé de regarder la galerie Médicis de Rubens, que la doctrine officielle considère alors comme de mauvais goût, tandis que son idéal affirmé est Raphaël. Cependant, la théorie de l'expression, qu'il expose à l'académie dans des conférences illustrées de dessins, ferait de lui un véritable baroque, si cette doctrine n'était quelque peu contredite par l'influence de Poussin qui se manifeste dans des tableaux de chevalet, à caractère religieux, où la surface plus réduite lui permet de mettre en valeur la qualité de son métier et la gaieté de ce coloris clair qu'il reprend aux traditions de l'école parisienne. Ce sont là les meilleurs de ses tableaux, de même que les portraits, où il fait preuve d'une sincérité objective (*Famille Jabach*, de Berlin – détruit – *Chancelier Séguier* du Louvre).

Après la mort de Colbert, le 6 septembre 1683, Louvois qui lui succède et qui haïssait tout ce qui touchait au grand ministre, retire à Le Brun ses prérogatives et donne sa faveur à Pierre Mignard (1612-1695). Celui-ci n'est qu'un imagier assez ennuyeux, d'inspiration fort pauvre, comme le prouve sa coupole peinte du Val-de-Grâce; mais il connaît un grand succès en raison du caractère aimable et conventionnel qu'il donne aux portraits de femmes et d'enfants.

Le Brun a suscité en France toute une école de décorateurs qui forment parfois des familles, se transmettant des procédés sur plusieurs générations; tels sont les Coypel ou les Boulogne; pour l'illustration des campagnes du roi, le premier peintre a fait appel au talent d'un Flamand, Van der Meulen, fort sensible dans ses paysages peints à l'aquarelle. De moindres peintres, bons artisans, sont requis de participer à l'iconographie royale. Le plus grand peintre de la fin du règne est Hyacinthe Rigaud (1659-1740); bien que son art se prolonge jusqu'à une époque avancée du siècle suivant, l'éthique de ses personnages et l'esthétique de son style relèvent de l'esprit de l'époque de Louis XIV.

Guidé par Le Brun, il a créé en peinture le portrait de l'homme de qualité, qu'avait réalisé en sculpture Coysevox, traduisant sa valeur par la noblesse de l'attitude, le geste expressif, le mouvement des draperies, en un mot par la passion dont il montre que la générosité

116 Charles Le Brun, *l'Adoration des Bergers*, Musée du Louvre. Cette œuvre montre l'habileté des compositions de Le Brun, mêlant l'au-delà à la vie terrestre, sachant ménager les effets fantastiques de la lumière produite par un feu masqué.

117 (*À droite*) Hyacinthe Rigaud, *Portrait de Louis XIV*, Musée du Louvre. Le roi apprécia tant ce portrait que, bien qu'il l'eût d'abord destiné à Philippe V d'Espagne, il le garda. Selon le principe de ses effigies, Rigaud en a fait le type du monarque, mais le visage du roi vieilli est d'une intense vérité.

de son tempérament est capable. Il s'agit moins d'ailleurs de peindre un individu et un caractère, comme Philippe de Champaigne à l'époque précédente, que d'affirmer le rang social et la «condition» du modèle, roi, ministre, financier ou homme de guerre, mais toujours homme de cour. Rigaud fonde ainsi le portrait de cour, qui aura une importance considérable en Europe au siècle suivant et, 117 en 1701, il crée, dans son *Portrait de Louis XIV*, l'image de la majesté royale revêtue de tous ses attributs.

LES ARTS APPLIQUÉS

Sous le règne de Louis XIII, les arts industriels, notamment ceux du meuble et de la faïence, suivent encore les principes du XVIᵉ siècle, situation qui est générale en Europe. Cependant, l'essor que vont bientôt prendre les arts appliqués en France sous le règne de Louis XIV est déjà marqué au règne précédent par la vitalité de la tapisserie – art français par excellence – dont les productions sont réalisées en divers ateliers privés à Paris; dans les cartons qu'il fit pour les tapissiers, Simon Vouet inventa les meilleures de ses compositions.

Effectué par Colbert en 1662, le regroupement des manufactures à l'hôtel des Gobelins, sous la direction du premier peintre Charles Le Brun, assure à cet art un essor tel qu'il suscitera bientôt de nombreuses commandes de tentures dans toute l'Europe. Ces tentures sont faites, pour la plupart, sur les cartons réalisés par le premier peintre, dont l'invention inlassable se plie avec aisance à toutes les demandes.

Certaines séries contribuent à l'iconographie monarchique, comme celle de l'*Histoire du Roi* ou des *Maisons royales* ou l'*Histoire d'Alexandre* qui est une allusion à la gloire du grand roi; la tenture qui sera le plus demandée en Europe a un sujet exotique: c'est celle des *Indes*, dont les cartons furent faits aux Gobelins en 1687, d'après une iconographie rapportée du Brésil par les Hollandais Frans Post et Van Eckhout, et envoyée au roi par le prince Jean Maurice de Nassau.

À la fin du règne, Berain et Claude Audran inventent un nouveau style, moins illustratif et plus proprement décoratif, emprunté au thème des *grotesques*, que la Renaissance italienne avait créé et qui connaît alors un nouvel avatar. La Manufacture de la Savonnerie crée de somptueux tapis dont le décor est réparti comme celui d'un plafond.

À la fin du XVIIᵉ siècle, les manufactures de faïence délaissent le décor d'imitation chinoise, ou celui inspiré de la Renaissance italienne auquel Nevers était resté fidèle. Les manufactures de Rouen

118 *Louis XIV visitant la Manufacture des Gobelins*, tapisserie des Gobelins. La plus célèbre des tentures pour lesquelles Charles Le Brun donna des cartons est celle de l'*Histoire du Roi*. L'épisode de la visite à la Manufacture des Gobelins, qui est comme une anthologie des arts décoratifs sous Louis XIV, rappelle l'impulsion donnée par ce monarque aux arts.

créent alors les plus beaux décors bleus ou polychromes faits de motifs figuratifs, où domine le «lambrequin». La manufacture de Moustiers s'inspire du décor de *grotesques* de Berain. 120

De l'argenterie et de l'orfèvrerie, il ne reste plus guère d'exemples, en raison des fontes qui ont détruit presque tout ce qui a été produit à cette époque. Sur les dessins de Le Brun, avait été exécuté pour la galerie des Glaces de Versailles un somptueux mobilier en argent massif qui ne dura que quelques années, la politique guerrière du roi l'ayant fait envoyer à la fonte.

149

119 Jean Berain est un des artistes qui a créé un nouveau style. Il a rendu une vigueur nouvelle au thème poétique et décoratif des grotesques que la Renaissance avait repris de l'Antiquité.

Encouragées par Colbert, les manufactures de tissus créent, notamment à Lyon, des pièces au décor à grande échelle, brocarts et soieries, qui s'inspirent des modèles italiens; la dentelle et la verrerie imitent ce qui se fait à Venise.

C'est peut-être dans l'art du meuble qu'on peut parler d'une véritable révolution, accomplie par les ébénistes qui travaillent d'après

120 Plat de faïence de Rouen. Les plats en faïence de Rouen, à décor de lambrequins, prolongeront la noblesse du style décoratif de Louis XIV dans la première partie du XVIIIᵉ siècle.

des dessins fournis par les ornemanistes. Le nouveau style met fin au mobilier de format cubique en usage depuis le Moyen Age et dont la Renaissance n'avait changé que le décor ; il crée des meubles aux formes déjà chantournées, à l'esprit baroque ; les bois sont sculptés et dorés, souvent d'admirables bronzes y sont appliqués. La famille Boulle a donné son nom à un décor qu'elle n'a pas inventé, mais qu'elle pousse à son point de perfection, la marqueterie de cuivre et d'écaille. Enfin, dans le mobilier, s'introduit la notion toute nouvelle de confort, les formes se plient mieux aux besoins humains, les meubles tendent à se diversifier pour se spécialiser en vue de tel ou tel usage particulier ; l'une des créations principales de l'époque

121 Commode Boulle pour la chambre du roi au Trianon. La famille Boulle s'est rendue célèbre par son décor d'incrustations en écaille et cuivre. Cette pièce est un des premiers exemples d'un meuble qui devait avoir un grand succès au XVIIIᵉ siècle : la commode.

121 Louis XIV est la « commode ». Cette évolution dans le sens d'une adaptation sans cesse plus étudiée à la vie et d'un décor de plus en plus châtié, qui fera la gloire du meuble français au XVIIIᵉ siècle, c'est le raffinement de la vie de société à la cour de Louis XIV qui l'a fait naître.

CHAPITRE HUIT

Le XVIIᵉ siècle en Angleterre

L'Angleterre, pendant une grande partie du XVIIᵉ siècle, est un pays fort troublé politiquement. Artistiquement, sous le règne de Charles Iᵉʳ, elle reste largement tributaire de l'étranger, mais ce roi, qui avait une haute conscience de sa dignité monarchique, aimait le faste ; il fit venir de grands artistes, tel Rubens, et acquit une collection de tableaux plus belle même que celle que réunira plus tard Louis XIV. Un renouveau religieux entraîne un essor de la construction ecclésiastique. La révolution qui cause la mort du monarque anglais sur l'échafaud entraîne la vente de ses collections à l'étranger et arrête la production artistique ; après la Restauration, elle ne reprendra pas au même rythme, le roi Charles II n'étant pas un mécène comme son prédécesseur. L'incendie qui détruisit une grande partie de Londres en 1666 fut un stimulant pour la création artistique. À la fin du XVIIᵉ siècle, Marie étant appelée au trône avec son époux Guillaume d'Orange, les Pays-Bas se trouvent sous le même gouvernement que l'Angleterre, ce qui renforce l'influence hollandaise outre-Manche.

L'ARCHITECTURE

C'est dans le domaine de l'architecture que se trouve incontestablement le plus grand apport de l'Angleterre au monde des formes créées par l'époque dite baroque. La ligne générale de l'évolution est une tendance marquée vers le classicisme, mais qui est loin d'avoir le caractère exclusif qu'on lui attribue volontiers, les architectes de ce pays ayant fait souvent des «écarts» vers des expressions plus riches, et parfois même franchement baroques.

Les principes de la forme classique, vers laquelle penchera l'Angleterre, sont nettement posés par Inigo Jones (1573-1652). Pourtant celui-ci avait commencé sa carrière par une activité qui eût dû l'orienter vers le baroque. Il était iconographe et décorateur de théâtre pour ces «mascarades» dont la cour d'Angleterre raffolait alors. Il avait fait un premier voyage en Italie probablement en 1601, mais c'est le second voyage qu'il y effectua en 1613-1614, au cours d'un tour d'Europe, qui le confirma dans sa vocation classique. Ce voyage le mit en effet en contact non seulement avec Rome, mais avec la Vénétie, où il put admirer les œuvres de Palladio ; on possède encore à la bibliothèque du Worcester College d'Oxford l'ouvrage des *Quattro Libri* de Palladio qu'il rapporta d'Italie et qu'il remplit d'annotations. La Maison de la Reine (Queen's House), qu'il éleva à son retour en 1615-1616 à Greenwich, est une application rigoureuse des données de l'architecture palladienne. Inigo Jones est le véritable fondateur de l'école anglaise d'architecture moderne ; en 1615 il reçut la charge de *Surveyor of the King's Works* et, en 1618, fit partie de la *Commission on Buildings* qui tendait à créer un planning pour le développement de la ville de Londres. L'œuvre principale qu'il a laissée, le Banqueting House du palais de Whitehall (1619-1622), présente une architecture inspirée de celle de Vicence. La doctrine du *Palladianism* que l'Angleterre devait faire sienne au XVIIIᵉ siècle est donc nettement définie par Inigo Jones ; cependant, lui-même s'en écarte parfois comme le montre le Double Cube Room de Wilton House (v. 1649), dont le décor intérieur, assez chargé, évoque celui qui orne, à la même époque, les châteaux et hôtels français. Vers 1638, Inigo Jones prévoit un plan grandiose pour le palais de Whitehall, qui ne sera pas exécuté. Les architectes d'une génération plus jeune qu'Inigo Jones, John Webb (1611-1672) et Sir Roger (1620-1684), pratiquent aussi

122 Inigo Jones, Queen's House, Greenwich. Ce monument, commencé en 1615, est la première application du style palladien en Angleterre.

les sobres principes du classicisme, tandis que Sir Balthazar Gerbier (1591?-1667) est plus baroque. Mais, parallèlement à cet art officiel, se poursuit en Angleterre, et à Londres même, un style artisanal qui continue dans la brique des formes du siècle précédent, mêlées parfois aux nouvelles formes classiques. Cependant, la construction en brique va évoluer en sens inverse dans la deuxième moitié du siècle où, sous l'impulsion de Hugh May (1622-1684) qui, pendant la guerre civile, s'était réfugié dans les Provinces-Unies en compagnie de lord Buckingham, on imite le classicisme très sobre, instauré trente ans auparavant en Hollande par Jacob Van Campen et Pieter Post. Ce style dépouillé de la brique, relevé seulement de quelques moulures et chaînages de pierre, ne cessera d'être pratiqué dans toute

123

155

l'Angleterre pour les constructions d'habitation des villes jusqu'à la renaissance de la pierre à l'époque victorienne; il donne leur physionomie propre aux villes anglaises.

L'incendie de la ville de Londres qui, du 2 au 5 septembre 1666, détruit 13 200 maisons et 87 églises, va créer en Angleterre un immense chantier d'architecture, comparable à celui qui s'ouvre à Versailles à la même époque; l'art de la France, où règne la monarchie absolue, se concentre autour d'un château royal; dans l'Angleterre, où la monarchie est devenue parlementaire, c'est autour d'une cité. À cette grande école d'architecture préside Sir Christopher Wren (1632-1723); il n'est pas indifférent que celui-ci ait commencé par une carrière universitaire, ayant été professeur d'astronomie: son esprit était ainsi rompu aux exercices mathématiques. Comme Inigo Jones, un voyage eut une influence décisive sur sa formation, mais ce fut un voyage à Paris qu'il accomplit en 1665; il y rencontra le Bernin et visita avec un intérêt passionné les châteaux qui étaient construits ou se construisaient à l'époque. Il en rapporta une tendance vers un style orné, qui changea l'orientation imprimée à l'Angleterre par Inigo Jones, et qui, sous la latitude de Londres et par rapport au puritanisme anglais, peut être dit «baroque».

La reconstruction de Londres fut organisée avec une remarquable méthode. On forma aussitôt une *Commission for Rebuilding the City of London*, où siégeaient trois représentants du roi, Sir Christopher Wren, Sir Roger Pratt et Hugh May, et trois représentants de la ville. La Commission inspire l'*Act for Rebuilding the City of London* publié en 1667, qui fut suivi d'autres *Acts*.

On trace un plan régulateur de la ville, fait de grandes voies rayonnant en étoiles à partir de places carrées ou circulaires, survivance des plans radiants chers à la Renaissance. On reconstruit des bâtiments publics, le Guildhall, le Royal Exchange, le Customs House. Pour les maisons d'habitation, la nécessité de reconstruire rapidement et économiquement impose l'emploi de la brique, d'où découlent une architecture sobre et l'adoption de quelques types de plans

156

123 Hugh May, Eltham Lodge, Kent. Comparé au Mauritshuis de La Haye (*ill. 65*), ce monument atteste l'impulsion que le courant classique anglais a pu recevoir de l'exemple hollandais.

répétés uniformément (*Speculation houses*). Ce qui a contribué à donner à Londres la physionomie architecturale qu'elle avait préservée jusqu'à la Seconde Guerre mondiale, où beaucoup de ces édifices furent détruits, c'est la reconstruction en pierre des églises paroissiales (*parish churches*) : elles sont les points d'attraction des places et des perspectives. Cinquante-neuf furent reconstruites sur les quatre-vingt-sept détruites. C'est là que le rôle de Wren se perçoit le mieux, ces églises ayant été dessinées par lui et construites sous sa surveillance. Destinées au culte anglican, elles sont essentiellement des salles d'assemblée, de petites dimensions, mais spacieuses pour être bien adaptées au prêche. Sir Christopher adopte le plus souvent le plan basilical, sans négliger le plan central (St Stephen Walbrook, St Antholin), mais les supports très espacés sont des colonnes élancées qui n'encombrent pas l'intérieur. La cadence mouvementée des espaces, une certaine richesse ornementale, empruntée au vocabulaire régnant alors en Italie et en France, éloignent le style de Wren du palladianisme d'Inigo Jones. Wren pourvoit toutes ses églises de clochers, surmontés de fines aiguilles ; plusieurs même sont en style gothique, style qui n'a pas cessé d'être en usage en Angleterre, principalement pour les bâtiments universitaires et que Wren emploiera lui-même (Tom Tower, Christ Church College d'Oxford, 1681-1682).

Plus affirmé encore est le romantisme dans la reconstruction de Saint-Paul de Londres (1675-1712) sur un plan grandiose. Les desseins de Wren, qui avait prévu un plan central à la manière de Saint-Pierre de Bramante et de Michel-Ange, furent contrariés par la commission chargée d'approuver les projets, qui imposa à l'architecte un plan en croix latine ; mais celui-ci réussit peu à peu à imposer ses vues en centrant cette basilique sur une immense coupole qui, extérieurement, reprend le thème de la colonnade qu'avait prévue Bramante pour Saint-Pierre ; l'emploi des ordres corinthiens, produisant

124 Wren, *Saint-Bride*, Fleet Street, Londres. Les églises construites par Wren pour la religion anglicane sont spacieuses, claires, peu encombrées, afin de faciliter le regroupement des fidèles (photographie prise avant les bombardements de 1940).

125 Wren, *Saint-Paul*, Londres. Émule de la basilique de Saint-Pierre, Saint-Paul contraste par son style romain avec les autres églises londoniennes de Wren, marquées par une forte originalité.

un effet de richesse, est nettement romain. Dans sa colonnade de Greenwich Hospital (après 1716), Wren imite d'ailleurs la colonnade de Saint-Pierre du Bernin, et il donne au Hall du même hôpital (1698-1707) un décor somptueux que Sir James Thornhill complètera par des peintures en trompe-l'œil, les plus parfaites en ce genre qu'ait produites l'Angleterre. Les tendances baroquisantes de Sir Christopher Wren sont plus affirmées encore dans le lourd décor qu'il dessine pour les stalles de Saint-Paul, exécutées par Grinling Gibbons, célèbre ornemaniste. 126

Il est nécessaire de poursuivre l'étude du XVIIᵉ siècle anglais jusqu'au premier quart du XVIIIᵉ siècle – ce à quoi nous invite d'ailleurs la date de la mort de Wren –, moment où la réaction néo-palladienne vient contrarier un baroquisme qui semble s'épanouir librement sous l'influence de deux architectes, Nicholas Hawksmoor (1661-1736) qui s'est formé à l'école de Wren, et John Vanbrugh (1664-1726); leurs styles sont très apparentés et ils travaillèrent d'ailleurs en association à la fin de leur vie. On leur doit les projets et la construction des deux châteaux les plus baroques d'Angleterre, Castle Howard et Blenheim Palace, où Vanbrugh adopte le plan aux cours multiples de Versailles. Tout y est conçu pour imposer l'idée de magnificence, pour surprendre par la richesse des effets, la distribution imposante des masses. Malgré tout, on sent que ce langage est contraire au tempérament anglais. Il y manque je ne sais quel élan de l'imagination, qui fait la qualité poétique du baroque dans les pays où il est spontané, et ceci légitime la réaction palladienne qui, après trois quarts de siècle d'essais dans le baroque, va ramener l'Angleterre à ses tendances autochtones. 127

126 Wren, Greenwich Hospital, dôme oriental et colonnade. Autre exemple du romantisme de Wren que cette colonnade inspirée de celle qui précède la basilique Saint-Pierre par le Bernin.

127 Vanbrugh, Castle Howard, bâtiment central. L'emploi de l'ordre colossal, la richesse de l'ornementation font de ce monument l'un des plus baroques d'Angleterre.

161

128 William Dobson, *Endymion Porter*, Tate Gallery, Londres. La rudesse que Dobson donne
à ses personnages contraste avec l'allure aristocratique des figures de Van Dyck.

129 Van Dyck, *James Stuart, duc de Richmond et Lennox*, Metropolitan Museum, New York.

LA SCULPTURE ET LA PEINTURE

L'Angleterre produit au XVIIe siècle si peu de peintres et de sculpteurs qu'elle doit pour ces arts faire appel à l'étranger. La plupart de ces artistes viennent des Pays-Bas. Le meilleur sculpteur d'origine

162

130 Sir Peter Lely, *la Famille de Charles Dormer, Earl of Carnarvon*. Les tableaux du Néerlandais Peter Lely n'ont plus la grâce aristocratique de Van Dyck, mais reflètent le caractère superficiel de la cour de Charles II.

anglaise, Nicholas Stone d'Exeter (1583-1647), importe en son pays le style d'Hendrick de Keyser d'Amsterdam, dont il est le gendre.

L'interdiction des images dans les églises supprime à peu près toute commande religieuse; le peu de goût des anglicans et des puritains pour la mythologie bannit cette source inépuisable de formes pour l'imagination baroque. Le seul ensemble mythologique important, le plafond du Banqueting House de Whitehall, fut peint par Rubens en 1629-1630. Les peintres se trouvent donc limités au portrait. Encore, pour répondre à cette commande, faut-il faire appel aux étrangers, le Hollandais Daniel Mytens, l'Anversois Van Dyck. Celui-ci, qui avait déjà fait deux voyages à Londres en 1620 et 1630, vient s'y établir en 1632; il y crée l'iconographie de Charles Ier, de la reine,

129

des gentilshommes de la cour; son style élégant et racé aura un grand retentissement au siècle suivant. Il peut, pour la dernière partie de sa carrière, être considéré comme un peintre anglais, ayant su dégager la grâce aristocratique de la société des *cavaliers*, qui allait se trouver menacée par la révolution. Son contemporain, William Dobson (1610/1611-1646) – tout à fait du cru celui-là – a une truculence plus baroque. 128

On peut dire que l'école anglaise du portrait, qui allait se montrer si brillante au siècle suivant, a été créée par Sir Peter Lely (1618-1680), né en Allemagne de parents hollandais; formé à Haarlem, il s'installe à Londres en 1643. Sous la Restauration, il devient le peintre officiel de la cour; émule de Van Dyck, il en «maniérise» le style, d'une façon quelque peu décadente, qui convient aux modèles posant devant lui. 130

LES ARTS APPLIQUÉS

L'Angleterre reste attachée aux formes de la Renaissance pendant presque tout le XVIIe siècle; c'est au début du XVIIIe siècle que les formes courbes du baroque commencent à s'introduire dans le mobilier. Cependant, le grand rythme des volutes d'acanthe anime les boiseries décoratives dès l'époque de Wren, notamment celles de Grinling Gibbons (1648-1720), le meilleur sculpteur sur bois de l'époque baroque et collaborateur de Wren. Les Anglais furent parmi les premiers en Europe à employer la laque, originaire du Japon et de la Chine, que bientôt ils surent imiter; dès 1688, John Stalker et George Parker publient un *Treatise of Japanning and Varnishing*.

La faïence garde longtemps les formes et le décor de la Renaissance qui cèdent, à la fin du siècle, à l'influence chinoise et japonaise.

L'art de l'argenterie connut au XVIIe siècle cet admirable essor qui le portera à créer tant de chefs-d'œuvre au siècle suivant. Le décor suit pendant presque tout le XVIIe siècle l'ancienne ornementation maniériste, à laquelle se substitue, au début du XVIIIe siècle,

165

le style français de Jean Le Pautre ou le décor à lambrequins, apportés par les huguenots français émigrés, notamment Pierre Harache, 131 David Willaume, et Pierre Platel.

131 David Willaume, aiguière en argent, Victoria and Albert Museum, Londres. Le style de cette aiguière, réalisée par un huguenot français exilé, reflète le décor Louis XIV à lambrequins, quelque peu baroquisé.

Deuxième partie

CHAPITRE NEUF

Le XVIIIᵉ siècle en Italie

Malgré certains remaniements politiques, l'Italie du XVIIIᵉ siècle connaît une vie pacifique ; elle est toujours divisée en plusieurs États dont les plus importants sont le royaume de Naples, le Grand-Duché de Toscane, la République de Venise et l'État pontifical. Venise, Rome et Naples sont les grands centres d'attraction pour des raisons diverses. On vient voir à Venise les grandes œuvres de la Renaissance, mais celles de l'époque contemporaine ont aussi beaucoup de succès, surtout en Europe centrale, avec laquelle Venise a toujours été en relations intimes depuis le Moyen Age, et en Angleterre. Quant à Rome, aux séductions de la Ville Éternelle du siècle précédent s'en ajoutent d'autres ; grâce à l'organisation des musées, les collections sont mises plus aisément à la portée du public ; elle est devenue en outre le grand centre de l'archéologie qui a pris un remarquable essor depuis les découvertes de Campanie, et à laquelle le savant allemand Winckelmann, qui réside à Rome depuis 1755, donne des bases rationnelles et scientifiques dans sa grande *Histoire de l'art de l'Antiquité* (*Geschichte der Kunst des Altertums*). Rome se trouve donc un lieu particulièrement favorable pour la cristallisation du néo-classicisme.

L'ARCHITECTURE

L'élan de l'architecture dans l'Italie du XVIIIᵉ siècle ne se ralentit pas,

132 Carlo Marchioni, Caffè Haus, Villa Albani, Rome. La Villa Albani conserve encore la célèbre collection d'antiques dont Winckelmann était le conservateur.

malgré l'importance des bâtiments élevés au siècle précédent. Rome est figée dans une sorte de formalisme berninesque; Carlo Fontana (1634-1714), qui a travaillé avec Pierre de Cortone, Rainaldi et le Bernin, en transmet la tradition au XVIIIᵉ siècle. On crée toujours des scénographies urbaines grandioses: l'escalier de la Trinité-des-Monts par Francisco de Sanctis, la fontaine de Trevi due à Nicola Salvi, si berninesque qu'on l'a crue longtemps faite sur un dessin du maître, la façade du Latran d'Alessandro Galilei. Le néo-classicisme touche l'architecture romaine au milieu du siècle (Caffè Haus de la Villa Albani par Carlo Marchioni).

132 Venise suit l'impulsion donnée par Baldassare Longhena; Giorgio Massari (v. 1686-1766) baroquise aux Gesuati le thème de la façade palladienne.

Rome n'est plus depuis la mort du Bernin un centre de genèse; les foyers les plus originaux sont périphériques: ce sont l'Italie du Sud et le Piémont.

En 1734, sous le nom de Charles VII, un fils de Philippe V d'Espagne reçoit la couronne du royaume de Naples et des Deux-Siciles; ce prince mégalomane, qui en 1759 sera appelé à prendre la couronne d'Espagne, va faire édifier des bâtisses colossales: les châteaux de Capodimonte et de Caserte, l'Albergo dei Poveri (hôpital général), le théâtre de San Carlo de Naples. De nouveaux palais et églises se construisent. L'architecte le plus original est Ferdinando Sanfelice (1675-1750), qui ordonne ses palais par rapport à des escaliers dont son imagination multiplie les formes capricieuses et les évolutions imprévues. Cependant, pour faire face à la demande monumentale qu'il provoque, Charles VII fait appel à des architectes du dehors; Ferdinando Fuga vient de Rome en 1752 pour donner le plan de l'Albergo dei Poveri; de la même ville est originaire Luigi Vanvitelli (1700-1773), fils du peintre hollandais Gaspar Van Wittel, spécialiste de vues de Rome. En 1751, Charles VII l'appelle pour donner les plans du château qu'il veut créer à Caserte, à quelque distance de Naples; voulant imiter Versailles, il projette une immense résidence royale, siège du pouvoir politique. Pour avoir été réduit, le projet ne comporte pas moins de 1 200 chambres, réparties dans un quadrilatère autour de quatre cours, avec une grande chapelle, qui 133

133 Luigi Vanvitelli, chapelle du château de Caserte. Cette église s'inspire directement de la chapelle du château de Versailles, mais l'architecte enrichit le modèle de marbres de couleurs.

imite littéralement celle de Versailles, et un théâtre. Vanvitelli reste fidèle au plan ramassé à l'italienne ; la grande originalité du plan est de mener le visiteur jusqu'au centre, où se trouve située l'entrée, donnant sur un escalier monumental. Derrière le château, à l'imitation de Versailles, s'ouvre une perspective colossale, qui est une nouveauté en Italie, où on continue à ordonner les jardins en terrasses. Caserte reste d'esprit baroque par l'énormité des dimensions, mais il est néo-classique par le refus des courbes, l'emploi pour les élévations extérieures des étages nobles de l'ordre colossal, qui se généralise alors dans toute l'Europe.

La Sicile, cependant, s'abandonne à Palerme, à Catane, à Syracuse, à Messine, à toutes les libertés d'un baroque surchargé d'ornements. À Catane, Giovan Battista Vaccarini (1702-1768), éduqué à Rome par Carlo Fontana, s'efforce d'apporter à cette extravagance quelque régulation architecturale. Le tremblement de terre de 1693 donne l'occasion de reconstruire au sud-ouest de Syracuse tout un chapelet de villes, Noto, Comiso, Grammichele, Ragusa, Modica ; les architectes en font d'admirables scénographies baroques, ayant la chance de pouvoir traiter toute une ville avec ses places, ses escaliers, ses églises et ses palais, comme une œuvre d'art.

Le comble de la folie ornementale est atteint dans l'extrême sud, à Lecce où Giuseppe Zimbalo et son élève Giuseppe Cino, mêlant au baroque les réminiscences du gothique et de la Renaissance, édifient une sorte de cité de rêve, conçue par une imagination que n'arrête aucun conformisme.

Si le Sud s'adonne à un baroque libertaire, le Nord, au contraire, y met un frein. L'abbé Filippo Juvara (1678-1736), qui fut élève de Carlo Fontana, est appelé à Turin en 1714 par Vittorio Amedeo II de Savoie ; il va arrêter la tendance au rococo inaugurée là par Guarino Guarini. Parfois, il ramène l'architecture aux normes du berninisme (Palazzo Madama, 1718-1721, église des Carmes, 1723-1725). À Stupinigi il élève un château dont le plan en X est dicté par les nécessités d'un rendez-vous de chasse ; les façades en sont classiques,

170

134 Filippo Juvara, basilique de Superga, près de Turin. Un des premiers monuments d'Italie où la somptuosité romaine fut épurée dans un esprit néo-classique.

mais les intérieurs d'un baroque tempéré ; à la basilique de Superga 134
près de Turin (1717-1731), les formes berninesques s'épurent en une
élégance déjà toute néo-classique. L'œuvre de Juvara est considérable à Turin et dans d'autres villes d'Italie. Sa réputation l'a fait appeler
en consultation à Lisbonne, à Londres, à Paris, et il est mort à Madrid,
où il avait été mandé pour fournir les plans du château royal.

À Turin même, l'esprit de Guarini n'est point tout à fait mort,
malgré la réaction de Juvara ; il anime toujours Bernardo Vittone
(1704 / 1705-1770) ; celui-ci aime les intersections de plans, les voûtes
à nervures entrecroisées, mais il corrige le dynamisme de Guarini
de quelque élégance dans les proportions, qu'il emprunte à Juvara.

LA SCULPTURE ET LA PEINTURE

On continue à peupler les églises de Rome de statues et de monuments funéraires ; les ateliers de sculpture sont très actifs et travaillent même pour l'étranger (statues commandées par le palais-couvent

135 Francesco Queirolo, *Il Disinganno*, chapelle du Saint-Sang, Naples. Marbre. Ce groupe, où Francesco Queirolo a déployé toute sa virtuosité, symbolise le pécheur se dégageant des filets de l'erreur avec l'aide de la Foi.

de Mafra près de Lisbonne). Plus encore que l'architecture, la sculpture est figée dans le style du Bernin, ce qui n'est pas sans entraîner quelque contraste avec la peinture qui, très tôt en cette ville, penche vers le néo-classicisme. Camillo Rusconi (1658-1728), le Français Pierre Le Gros (1666-1719) et Michelange Slodtz (1726-1746) sont parmi ceux qui représentent le mieux ce prolongement du baroque.

Plus originale est la sculpture à Naples et en Sicile. À Naples, Antonio Corradini (1668-1752). Francesco Queirolo (1704-1762), Giuseppe Sammartino (1720?-1793?) s'abandonnent à une sorte de folie illusionniste, qui tend à reproduire dans le marbre les effets de transparence et de fluidité de la peinture, virtuosité qui contient un aveu d'impuissance. Bien plus créatrices sont les formes qu'élabore, dans

136 Giacomo Serpotta, Oratoire San Lorenzo, Palerme. Très employé en Italie et en Europe centrale, le stuc permettait l'exécution rapide d'une ornementation très riche, et une grande virtuosité d'expression.

172

la décoration en stuc de divers oratoires de Palerme, Giacomo Ser- 136
potta (1656-1732). Celui-ci, dès le début du XVIIIᵉ siècle, inaugure
les dispositions dissymétriques où le rythme est équilibré par compensation en contrepoint, dont les Allemands de l'époque rococo
feront le principe même de leur composition ornementale.

La situation de la peinture en Italie est complexe, parce qu'on y
trouve à la fois le passé, le présent et l'avenir. C'est sous cet angle
qu'il convient le mieux de l'étudier, plutôt que sous celui des écoles.

À Bologne, principalement, bien des peintres poursuivent un formalisme seicentesque fossilisé. Dans cette ville même, Giuseppe Maria 137
Crespi (1665-1747) réagit contre cet académisme, mais dans un sens
qui est encore seicentesque, c'est-à-dire par l'atmosphère en clair-
obscur et un esprit réaliste qu'il emploie aussi bien dans les compositions religieuses que dans ses scènes de genre. C'est le romantisme du
seicento que poursuit Alessandro Magnasco (1667-1749) dit Lissandrino 138
qui travaille à Milan, à Florence, à Bologne; son esprit satirique prolonge Callot, son goût du nocturne Morazzone et Francisco del Cairo,
son romantisme Salvator Rosa; mais il emprunte aussi aux Vénitiens
les prestiges de la couleur. Brossées d'un pinceau nerveux, ses compositions étranges expriment un sentiment profond de pessimisme.

137 Giuseppe Maria Crespi, *l'Extrême Onction*, Musée de Dresde. Dans sa série des Sept Sacrements, Crespi, suivant la tradition du Caravage, humanisa les actes de la religion, en les représentant dans leur simplicité quotidienne.

Naples voit fleurir toute une école de décorateurs. Parmi ceux-ci, 139 Francesco Solimena (1657-1747), qui fait tourbillonner des foules dans les remous d'ombre et de clarté, appartient encore à la lignée des *tenebrosi*. Francesco de Mura (1696-1784), d'une génération postérieure, abandonne ce clair-obscur pour un coloris joyeux qui en fait le Tiepolo napolitain. Le goût du réalisme, qui s'était manifesté au siècle précédent, entraîne toujours les Napolitains à pratiquer activement la nature morte.

Dans le Nord, en Lombardie, ce réalisme inspire à certains peintres des scènes de genre, empruntées à la vie des paysans ou des mendiants qui sont figurés avec une certaine âpreté satirique (Giacomo Ceruti, actif vers la moitié du XVIIIe siècle). À Naples, ce genre est représenté par Gaspare Traversi (actif entre 1732 environ et 1769) qui s'amuse des travers des petits bourgeois et de leurs domestiques. À Venise, Pietro Longhi (1702-1785) représente, sans esprit satirique, mais avec un sens pittoresque, les scènes de la vie quotidienne. Le réalisme le plus âpre est celui d'un portraitiste lombard, Vittore Ghislandi, dit Fra Galgario (1655-1743), de Bergame; son pinceau faisant surgir les effigies de l'aristocratie décadente de son temps évoque celui de Goya, portraiturant la famille royale d'Espagne. 141

C'est à Venise que s'épanouit la peinture rococo. Cette qualification peut être en effet appliquée aux compositions déchiquetées de Piazzetta, à la facture hachée des Guardi, aux envolées dans l'espace de Tiepolo. Les voies de la peinture vénitienne du *settecento* ont été préparées par Sebastiano Ricci (1659-1734) qui peint dans la manière claire, Giovanni Battista Piazzetta (1683-1754) qui garde encore quelque chose du ténébrosisme du *seicento*. Éprise de sa propre beauté,

138 Alessandro Magnasco, *la Partie de campagne*, détail, Palazzo Bianco, Gênes. Cette facture romantique faite de hachures colorées dans une atmosphère irréelle, dérive du XVIIe siècle.

140 Canaletto, *la Fête de l'Ascension à Venise*, coll. Aldo Crespi, Milan. Canaletto est une sorte de chroniqueur de la vie de Venise, de ses fêtes, de ses fastes et de ses monuments.

139 (*A gauche*) Francesco Solimena, *le Massacre des Giustiniani à Scio*, Musée de Capodimonte, Naples. Esquisse d'une des grandes compositions faites pour la salle du Sénat à Gênes, organisée dans l'espace selon les principes perspectivistes du Père Pozzo.

Venise a donné le jour à des paysagistes qui ont peint ses palais, ses places, ses canaux, la vie pittoresque qui les anime; ces *vedute* devaient avoir un grand succès dans toute l'Europe. Antonio Canal, dit Canaletto (1697-1768), établit ses compositions dans un esprit géométrique, néo-quattrocentesque, cherchant à obtenir l'image la plus fidèle. Dans un esprit qui évoque l'impressionnisme, Francesco Guardi (1712-1793) ne se lasse pas d'évoquer le mirage de l'atmosphère vénitienne, faisant miroiter la couleur; il s'adonnera exclusivement au paysage lorsque par la mort, s'éteint son association avec son frère Gianantonio (1699-1760). Mais le genre proprement rococo dans le

140

144

177

paysage est le *capriccio*. Marco Ricci (1676-1720) a créé ce genre pastoral ou idyllique à composition fantaisiste et à donnée décorative que Francesco Zucarelli (1702-1788) prolonge jusqu'à la fin du siècle.

La composition plafonnante à laquelle, dans les dernières années du XVIIᵉ siècle, le Père Pozzo avait donné tant d'éclat, se prolonge à Naples (Solimena, Sebastiano Conca, Francesco de Mura); ces procédés perspectivistes inspirent la famille des Galli-Bibiena, originaire de Bologne, qui produit des scénographies pour diverses cours d'Italie et d'Europe centrale. Le Vénitien Gian Battista Tiepolo (1696-1770) apporte le couronnement à la peinture spatiale, en négligeant le recours aux artifices des perspectives architecturales, faisant évoluer ses figures volantes au milieu des nuées en des raccourcis vertigineux. Soit à fresque, soit à l'huile pour les tableaux de chevalet, Tiepolo peint dans un coloris très clair, avec une facture nerveuse, rapide, peu couvrante. Son chef-d'œuvre est le plafond de l'escalier de la Résidence du prince-évêque de Wurzburg en Franconie (1750-1753). La réputation des peintres de Venise les a fait appeler par diverses cours d'Europe. Sebastiano et Marco Ricci, Pellegrini, Canaletto vont à Londres; ce dernier y est appelé par le consul d'Angleterre à Venise, Joseph Smith,

142

141 Vittore Ghislandi, *le Gentilhomme au tricorne*, Musée Poldi-Pezzoli, Milan. Les portraits satiriques de Ghislandi (Fra Galgario, il était moine), vision romantique d'une société en déclin, évoquent Goya.

142 Gian Battista Tiepolo, *l'Institution du Rosaire*, église des Gesuati, Venise. Peinture plafonnante encore ordonnée à la manière du Père Pozzo, avec un escalier qui facilite l'ascension oblique de l'espace vertical.

143 Gian Paolo Pannini, *Rencontre de Charles II et de Benoît XIV*, détail, Musée de Capodimonte, Naples.

144 (*À droite*) Francesco Guardi, *Il Rio dei Mendicanti à Venise*, Accademia Carrara, Bergame.

très épris de la peinture vénitienne ; Tiepolo peint à Madrid et à Wurzburg ; Bernardo Bellotto, neveu de Canaletto, dont il emprunte le nom, se fait l'iconographe des cours de Dresde, de Varsovie, de Vienne ; la pastelliste Rosalba Carriera se rend à Paris et à Dresde.

C'est à Rome, un peu avant le milieu du siècle, que la peinture prend une orientation nettement néo-classique en opposition avec le baroquisme seicentesque et le rococo vénitien.

Les artistes renoncent aux séductions de l'imaginaire, à quoi seul s'adonne encore le graveur Giovanni Battista Piranesi (1720-1778) dont les vues de Rome ont une allure fantastique, mais les autres *vedutisti*, 143 comme Gaspar Van Wittel, dit Vanvitelli (1653-1736), ou Gian Paolo

145 Pompeo Batoni, *Achille à Scyros*, Offices, Florence. L'inspiration mythologique qui animait de sa féerie la peinture baroque se glace sous le pinceau néo-classique de Pompeo Batoni.

Pannini (1691 / 1692-1778), qui connaissent alors un grand succès, tant auprès des Romains que des nombreux étrangers de passage à Rome, s'attachent à peindre les spectacles pittoresques et les monuments de Rome avec une exactitude topographique ; Pannini cependant crée aussi des compositions de ruines, dites *vedute ideate* ; mais celles-ci sont plus issues de la vision d'un architecte que d'un poète. Le Français Pierre Subleyras (1699-1749) qui, venu à Rome, s'y établit, peint des compositions religieuses d'une sobre ordonnance, dans la tradition française, car elles évoquent l'art d'Eustache Le Sueur au siècle précédent. Marco Benefial (1684-1764) va jusqu'à plagier Raphaël (la *Transfiguration*, S. Andrea de Vetralla). Aussi bien dans ses tableaux mythologiques que religieux, Pompeo Batoni (1708-1787) adopte des compositions simples, peintes dans un sentiment quelque

145

182

peu mièvre, avec un coloris très clair. Portraitiste de la société aristocratique, il a peint beaucoup d'Anglais. Anton Raphaël Mengs (1728-1779), originaire de Bohème, se montre adepte passionné des théories de Winckelmann sur le beau idéal, restitué de l'Antique; son médiocre talent n'est capable que de réaliser des portraits sans vie, de froides compositions de caractère archéologique.

LES ARTS APPLIQUÉS

Les années 1730 virent la fin du style baroque surchargé dans l'art du meuble. Une simplification se fait alors à Gênes et à Venise, à laquelle on donne le nom de *barocchetto*; de nouveaux types de meubles se créent, notamment la *ribalta*, secrétaire-commode, le *trumeau*, élégant meuble à deux corps. Le passage du *barocco* au *barocchetto* se discerne particulièrement bien dans la transformation du *cassone* en *cassettone* puis en *ribalta*. Venise a produit d'élégants meubles rocaille à décor peint.

Le XVIIIᵉ siècle voit remettre en valeur l'art de la marqueterie, qui avait connu une grande fortune au XVIᵉ siècle. Le plus génial des ébénistes qui ont pratiqué l'incrustation de l'ivoire dans les bois précieux est Pietro Piffetti (1700-1777) qui travailla pour la cour de Savoie. C'est le Piémont, d'ailleurs, qui a produit les meubles les plus soignés et les mieux dessinés, profitant à la fois des influences française et germanique; le Palazzo Reale, le Palazzo dell'Accademia filarmonica de Turin ont conservé d'admirables intérieurs en bois doré qu'animaient de très beaux meubles. Le style anglais, dit Chippendale, influence le meuble à Venise et à Gênes à partir de 1760.

La céramique ne connaît pas le même essor qu'en France ou dans les pays germaniques. L'Italie, cependant, a été touchée par l'engouement pour la porcelaine; des fabriques en produisent en Piémont (Vinovo), à Capodimonte près de Naples; la manufacture de Capodimonte a fabriqué tout un cabinet en porcelaine à la chinoise pour 146 le palais de Portici; il est aujourd'hui au musée de Capodimonte.

Naples, à partir de la fin du XVIIᵉ siècle, a aimé dans les églises, et plus encore dans les palais, les crèches à multiples personnages ; ceux-ci furent d'abord sculptés en bois, puis au XVIIIᵉ siècle l'exécution en terre cuite prédomine.

Le goût réaliste pour les représentations populaires, qui s'était manifesté dans la peinture du seicento, vient finir dans les figurines de ces crèches napolitaines (les *presepi*).

146 Le Salon de Porcelaine du château de Portici, aujourd'hui au Musée de Capodimonte, Naples. Réalisé en porcelaine, par la manufacture de Capodimonte entre 1754 et 1759 pour le château de Portici, avec un plafond en stuc, ce salon est à décor chinois.

CHAPITRE DIX

Le XVIIIᵉ siècle en France

Le XVIIᵉ siècle avait été un siècle royal; le XVIIIᵉ sera aristocratique. À la mort de Louis XIV, la cour de Versailles est dissoute;
l'enfant Louis XV est ramené aux Tuileries. On s'empresse de fuir
la cour où, dans les dernières années du règne de Louis XIV, la tris-
tesse due aux revers de la politique et à l'austérité de Mme de Main-
tenon avaient fait régner l'ennui. À Paris se construisent de nombreux hôtels et en province des châteaux. La société se transforme
et s'élargit; les financiers s'y mêlent à l'ancienne noblesse d'épée ou
de robe; les intellectuels y sont admis et contribuent à mettre à la
mode les idées avancées dans une société où les femmes dévelop-
pent le raffinement du goût, le bon ton et l'art de vivre; après le
régime sévère de la deuxième partie du règne précédent, les mœurs
se détendent; le duc d'Orléans, qui pendant huit ans (1715-1723)
exerce la régence du royaume, donne l'exemple de la vie voluptueuse.

Cette société raffinée fera une grande consommation d'œuvres
d'art, non seulement du présent, mais du passé. L'amateurisme se
répand; Louis XIV avait donné l'exemple du mécénat royal; au cours
du XVIIIᵉ siècle le roi fera peu pour accroître les collections de la
Couronne; en revanche les amateurs se multiplient et l'organisation du commerce d'art répondra à une demande accrue qui suscitera une surenchère et des prix élevés.

Cette situation ne se modifie pas lorsque le jeune roi se réinstalle à Versailles; de caractère modeste, la nouvelle reine n'a aucune action sur les arts; plus tard les maîtresses royales, notamment la marquise de Pompadour, contribueront au raffinement du goût. Mais désormais c'est la ville qui donne le ton à la cour; le roi n'hésite pas à détruire quelques-unes des plus belles réalisations du Versailles de Louis XIV, comme l'escalier des ambassadeurs, pour s'installer confortablement à la mode du jour dans de «petits appartements».

Louis XVI, qui ne s'intéresse qu'à la chasse et à la serrurerie, sera tout à fait indifférent aux arts; le goût de la reine Marie-Antoinette s'appliquera surtout à la mode et aux accessoires, mais aussi aux arts mobiliers. L'importance que prendra la société parisienne consacrera la décadence de l'influence royale. Dans les salons où l'on discute de politique, de littérature et de philosophie, l'intelligence est une introduction meilleure que la fortune; si le style évolue dans le sens du néo-classicisme, les arts appliqués, expression de l'art de vivre, ne cessent de se raffiner. Cependant, dans les dernières années de l'ancien régime, grâce aux initiatives d'un directeur des bâtiments fort intelligent, le comte d'Angiviller, une certaine action officielle tend à s'exercer à nouveau sur les arts; d'Angiviller encourage l'orientation des arts figuratifs vers le classicisme, en passant aux artistes vivants des commandes inspirées par des sujets historiques; cette action contribue à engendrer un nouvel académisme; plus heureux fut le programme muséologique du directeur des bâtiments, qui, en vue de l'exposition au public des tableaux du roi dans la grande galerie du Louvre, reprit la politique des achats d'œuvres d'art, et compléta ainsi fort heureusement les collections de la Couronne.

L'habitude s'est introduite de désigner les trois grandes étapes des styles au XVIIIᵉ siècle sous les noms de Régence, Louis XV et Louis XVI, correspondant aux diverses périodes politiques. Il n'y a pas d'inconvénient à conserver ces désignations consacrées par l'usage, si l'on sait qu'en réalité elles ne correspondent pas aux dates exactes des règnes. Transition entre le XVIIᵉ et le XVIIIᵉ siècle, le style dit Régence s'étend de 1705 à 1730 environ. Le style Louis XV s'épanouit entre 1735 et 1750; mais le style Louis XVI commence bien avant l'avènement au trône de ce monarque (1774), c'est-à-dire vers 1760. Le classicisme l'emporte dès ce moment, tout au moins en architecture, car le décor intérieur souvent s'attarde et il n'est pas rare de trouver un décor «Louis XV» à l'intérieur d'un hôtel à façades «Louis XVI».

L'ARCHITECTURE

Pour être juste, il faut reconnaître que la transformation du décor intérieur fut commencé du temps de Louis XIV. Dans les appartements que le roi fit édifier à Versailles après 1684, à côté des grands appartements conservés pour la vie officielle, on renonce au décor architectural en marbres polychromes et bronzes dorés, pour des boiseries dorées et peintes qui décorent des pièces de format d'ailleurs plus réduit. Cette révolution s'accélère dans les hôtels, qui sont construits à Paris dès le début du XVIIIᵉ siècle; les bois dorés et les glaces qui laissent peu de place à des compositions picturales remplacent partout les décors solennels et les grands tableaux du siècle précédent. Vers 1720, ce décor prend des formes chantournées et accueille la rocaille. Des dessinateurs d'ornement comme Oppenordt, Nicolas Pineau, plus tard Meissonier, imposent ce style sinueux, qui fait suite au style plus noble de Le Pautre. Claude II Audran (1658-1734) donne aux grotesques, appelés alors «arabesques», qu'avait réintroduits Berain, une fantaisie imaginative d'une grâce ailée. L'architecte Germain Boffrand (1667-1754) a contribué plus que d'autres à l'essor de ce style rococo dans les intérieurs, dont le meilleur exemple à Paris a été dessiné par lui: les appartements de l'hôtel Soubise (1738-1739). 147

L'importance que prend l'aménagement intérieur à cette époque légitime que l'architecture soit d'abord étudiée sous cet angle. C'est à ce moment qu'on renonce aux solennelles enfilades de pièces de Louis XIV et qu'on tend à spécialiser les locaux de l'habitation suivant leur usage: chambre à coucher, antichambre, salle à manger, salon qui remplace la galerie, cabinet pour la lecture, boudoir pour

187

147 Germain Boffrand, salon Ovale de l'hôtel Soubise, Paris. Germain Boffrand décora ce salon et quelques autres du même hôtel vers 1738. Nous avons ici un excellent exemple de pur style rococo français.

le repos, bibliothèque; on tend à distinguer la réception qui se situe au rez-de-chaussée de l'intimité qui a pour cadre l'étage. Le plan des nouveaux hôtels s'assouplit pour se plier à cette division; les façades, moins sévères, sont très fenestrées, et les divisions des étages nettement affirmées; les formes y sont élégantes, sans qu'on renonce pourtant à un classicisme qui contraste avec le style rococo du décor intérieur. Les expressions vraiment rococo dans l'architecture sont rares; on les trouve notamment dans l'Est de la France, où divers artistes, Germain Boffrand, Héré, se laissent aller à plus de fantaisie pour répondre au goût du roi de Pologne détrôné, Stanislas Leczinsky, père de la reine, qui s'est vu assigner le duché de Lorraine. Les châteaux que ce prince fit élever sont malheureusement détruits ou privés de leurs décors et de leurs jardins; mais il reste encore l'ensemble urbain de Nancy.

148

Celui de Nancy mis à part, les programmes urbains continuent le style classique, instauré sous le règne de Louis XIV. Paris, Rennes, Bordeaux construisent des «places royales», dédiées à Louis XV, sur le modèle de ce qui avait été fait du temps de Louis XIV. Après Robert de Cotte et Germain Boffrand, qui assurent la transition entre l'époque Louis XIV et l'époque Louis XV, l'architecte qui domine vers le milieu du siècle est Jacques-Ange Gabriel (1698-1782); à la place de la Concorde, ancienne place Royale, 1753-1765, il reprend l'ordonnance de la colonnade du Louvre, avec portiques à colonnes corinthiennes et terrasses; vingt ans avant, son père, Jacques Gabriel, avait rendu moins solennelle et plus élégante la place de la Bourse de Bordeaux, ancienn place Royale, 1731-1755, grâce à un ordre ionique; il avait francisé cette ordonnance par un haut comble. La comparaison des programmes de ces deux places permet de mesurer l'évolution accomplie dans le sens du classicisme. La «folie» prévue pour la

150

149

148 La place de la Carrière, Nancy. L'architecte Héré réalisa à Nancy pour le duc de Lorraine, Stanislas Leczinsky, ancien roi de Pologne, un des plus beaux ensembles urbains de France, dans le style rococo.

149 Jacques Gabriel, place de la Bourse, Bordeaux (terminée par Jacques-Ange Gabriel). 150 Jacques-Ange Gabriel, hôtel de la Marine et hôtel Crillon, place de la Concorde, Paris. À ces deux places royales, les deux Gabriel appliquent l'ordonnance de la Colonnade du Louvre (*ill. 96*); mais celle de Bordeaux, avec ses hautes toitures à la française, est moins classique.

marquise de Pompadour dans les jardins de Trianon et édifiée de 1762 à 1764 montre l'exemple le plus pur de ce classicisme de Jacques-Ange Gabriel, qui transporte ce décor, essentiellement caractérisé par le retour aux ordres, à l'opéra de Versailles (1770); il projetait de remodeler le château de Versailles dans ce style et il faut se féliciter que l'état des finances royales ne le lui ait pas permis.

Sous le règne de Louis XVI, les ordres colossaux vont dominer l'architecture, ils tendent à se rapprocher de plus en plus des proportions antiques. Jacques Germain Soufflot (1713-1780) en fait le motif du décor intérieur et du portique de l'église Sainte-Geneviève (aujourd'hui Panthéon), qu'il couronne d'une coupole imitée de celle de Saint-Paul de Londres. Mais la découverte des antiquités de la

151

190

Campanie va substituer à l'imitation de l'art romain celle des ordres grecs. Ce sont les proportions grecques qui inspirent l'art de Chalgrin (1739-1811), de Gondouin (1737-1818), de Claude Nicolas Ledoux (1736-1806) surtout, qui construit l'usine de la saline de Chaux à Arc-et-Senans, près de Besançon (1773-1775), dans un ordre dorique grec inspiré des temples de Paestum, et qui édifie dans un style sévère les portes de la nouvelle enceinte de Paris. La colonnade devient le motif répété à satiété des architectes (grand théâtre de Bordeaux par Victor Louis, 1773-1780).

152

Dans le décor intérieur, toujours réalisé en boiseries, la rocaille tombe en désuétude et est remplacée par les décors à guirlandes, à rubans, à paniers. Parfois même, il s'inspire de l'architecture extérieure, et l'on y voit, mais réalisé en boiseries, le retour aux ordres de la première partie du règne de Louis XIV. Ce décor n'est plus uniformément doré, mais peint de couleurs claires, relevées souvent de tons plus prononcés ou d'un peu de dorure. Dès 1770, sous l'influence de l'architecte dessinateur Clérisseau, qui a fait de nombreux relevés en Italie, quelques hôtels sont décorés en style pompéien ou « à la manière étrusque », qui est alors fort à la mode en Angleterre.

L'architecture des jardins est restée sous le règne de Louis XV assez conforme au style de Le Nôtre, quoique à une échelle moins grandiose.

151 Soufflot, le Panthéon, Paris. Conçu pour être une église, le Panthéon est inspiré du Saint-Paul de Wren à Londres (*ill. 125*).

152 Ledoux, pavillon du Directeur aux Salines d'Arc-et-Senans. Un des premiers exemples d'architecture industrielle, inspiré de l'Antique.

153 Le Hameau du Petit Trianon à Versailles. Tracé par l'architecte Mique à l'imitation du jardin anglais, il fut la dernière manifestation du goût de la reine Marie-Antoinette.

Dans la deuxième partie du siècle, le jardin pittoresque «anglo-chinois», au dessin sinueux, s'introduit en France; il s'orne de nombreuses «fabriques» en style classique, allusions à des thèmes sentimentaux (temples de l'amour, de l'amitié, de la fidélité), de kiosques chinois, de fausses ruines gothiques, de demeures rustiques ou de villages campagnards. De tous ces jardins pittoresques, il ne reste plus guère en France que celui du Petit Trianon de Versailles, établi en 1780 par Richard Mique (1728-1794) pour répondre aux envies «rustiques» de la reine Marie-Antoinette.

LA SCULPTURE

La sculpture au XVIIIᵉ siècle se montre plus baroque que l'architecture; elle découle de Coysevox plus que de Girardon; la plupart des artistes ont fait de longs séjours à Rome et en rapportent le goût des attitudes dramatiques, des draperies en mouvement, des gestes éloquents. On peut facilement étudier l'évolution du baroquisme à

192

travers des familles d'artistes qui se relient à l'époque de Louis XIV : les Coustou, neveux de Coysevox, les Lemoyne, les Adam, les Slodtz. Jean-Baptiste II Lemoyne (1704-1731) a été le portraitiste le plus en faveur du règne de Louis XV ; il renouvelle la tradition des bustes de Coysevox par une étude plus poussée du caractère des visages ; les bustes de femmes, qui étaient peu en usage sous le règne du Roi Soleil, deviennent à la mode et prennent des attitudes souriantes et coquettes. Edme Bouchardon (1698-1762) cependant, qui vécut neuf ans à Rome, y a beaucoup plus regardé les antiques que les statues baroques ; rappelé à Paris en 1732, il ne cessa de protester, tant par la parole que par l'exemple, contre le baroquisme de la sculpture de son temps, produisant précocement des œuvres très classiques, qui se relient à celles de Girardon.

Les appartements plus petits exigent des statues de dimensions plus réduites ; divers artistes s'y emploieront, notamment Jean-Baptiste Falconet (1716-1791), le sculpteur préféré de la marquise de Pompadour ; ses grâces affectées ont beaucoup de douceur et la statue de Pierre

154

155

199

154 Jean-Baptiste II Lemoyne, buste du Régent, Musée de Versailles. Lemoyne continue dans ses bustes le style noble de Coysevox (*ill. 104*), mais sans l'acuité d'expression et la pénétration psychologique qui faisaient tout le prix des bustes de son prédécesseur.

le Grand qu'il édifia à Saint-Pétersbourg à la demande de Catherine II tranche sur sa production habituelle.

Dans la deuxième partie du XVIIIᵉ siècle, les commandes officielles se raréfiant, les artistes travaillent de plus en plus pour les intérieurs. Toutefois, Jean-Baptiste Pigalle (1714-1785) maintient le grand style et, dans le mausolée du comte d'Harcourt à Notre-Dame de Paris, 1776, ou le tombeau du maréchal de Saxe à Saint-Thomas de Strasbourg, il harmonise le mouvement baroque avec la cadence classique. Jean-Jacques Caffieri (1725-1792) garde de la noblesse à l'art du portrait en buste que Jean-Antoine Houdon (1741-1828) réduit le plus souvent au seul visage, saisi dans une expression fugitive. Claude-Michel Clodion (1738-1814) satisfait le goût de la société pour la sculpture-bibelot, inspirée des sujets galants de Fragonard.

Sous Louis XVI, le modelé se fait de plus en plus lisse et les nudités

155 Bouchardon, *l'Amour se faisant un arc de la massue d'Hercule*, marbre, Musée du Louvre.

156 Houdon, *Diane*, marbre, Collection de Gulbenkian, Lisbonne. Ces deux statues illustrent la conception française du nu lisse et élégant, qui découle de l'École de Fontainebleau.

157 Pigalle, monument funéraire du comte d'Harcourt, Notre-Dame de Paris.˙

féminines de plus en plus nombreuses. La *Diane* de Houdon, dans 156
sa nudité intégrale, lisse et élancée, évoque les formes de l'École de
Fontainebleau, notamment celles du Primatice au XVIᵉ siècle.

LA PEINTURE

C'est une question controversée de savoir s'il faut associer au
XVIIᵉ siècle ou au XVIIIᵉ siècle le nom d'Antoine Watteau (1684-1721).
La gravité poétique de son art, contrastant avec la légèreté du
XVIIIᵉ siècle, l'a fait considérer par quelques historiens comme relevant du XVIIᵉ siècle, mais à ce compte il faudrait dire la même chose
de Chardin. En fait, par sa peinture, Watteau appartient bien au
XVIIIᵉ siècle; il consacre en effet le renversement des tendances qui
s'étaient combattues à la fin du XVIIᵉ siècle et qui avaient alimenté
la querelle des poussinistes et des rubénistes, des partisans du dessin
ou de la couleur: Rubens, il l'a étudié à la galerie Médicis du palais

du Luxembourg, dont Claude Audran III était le conservateur, et il y ajouta l'influence d'autres maîtres de la couleur, Titien et Véronèse. Son art est une poétique évasion dans un monde enchanté, qu'il crée au moyen de personnages de la comédie italienne et de la comédie française, de paysages empruntés aux parcs en automne ; il est chargé d'une profonde mélancolie, inspirée par une sorte d'angoisse sentimentale. Deux tableaux dominent son œuvre : l'*Embarquement pour Cythère*, au Louvre, peint en 1717, l'*Enseigne de Gersaint* au musée de Berlin, brossé rapidement moins d'un an avant sa mort, pour servir d'enseigne à la boutique d'un marchand de tableaux.

159, 158

L'art de Watteau, comme celui de Chardin, reste encore ce qu'avait été au XVIIᵉ siècle celui de Poussin, une spéculation personnelle. Il n'en est pas ainsi au XVIIIᵉ siècle, où la peinture est un art de société. La commande, fournie par cette société, est abondante et permet à de nombreux peintres de vivre ; cependant, dans une certaine mesure, ces peintres retournent plus ou moins à la condition artisanale, et on ne trouve rien de comparable au XVIIIᵉ siècle à la situation quasi princière qu'avait eue Le Brun sous le règne de Louis XIV. Des familles d'artistes se transmettent le métier ; des « dynasties », aux membres quasi innombrables, traversent le siècle : les Coypel, les de Troy et les Van Loo.

Ce caractère artisanal marque aussi la manière de peindre ; les artistes cherchent moins à se faire une manière propre qu'à peindre correctement d'une façon impersonnelle, ce qui convient mieux d'ailleurs à la qualité illustrative qu'on leur demande. La peinture, qui au XVIIᵉ siècle tendait vers une recherche formelle, devient une imagerie.

Lorsqu'en 1717 l'*Embarquement pour Cythère* fut enregistré à l'Académie où il était le morceau de réception de Watteau, le procès-verbal le mentionna sous le nom de « fête galante ». Ce genre de la fête galante fut illustré principalement par deux suiveurs de Watteau, Jean-Baptiste Pater (1695-1736), valenciennois comme lui, qui le suit assez fidèlement en le transposant dans une atmosphère argentée, Nicolas

158 Antoine Watteau, *l'Enseigne de Gersaint*, Musée de Berlin. Peint en quelques jours pour servir d'enseigne à son marchand Gersaint, ce tableau est une des plus poétiques évocations de la vie élégante au XVIIIᵉ siècle.

Lancret (1690-1743), plus varié, plus peintre aussi, qui souvent tourne à la scène de genre. 160

La peinture d'histoire se métamorphose en mythologie galante où abondent les nudités, François Lemoine (1688-1737) qui en 1733-1736 peint à Versailles le plafond du salon d'Hercule, garde encore quelque chose de la noblesse du style de Le Brun; ce style devient efféminé chez ses deux élèves: Charles Natoire (1700-1777) et François Boucher (1703-1770); ce dernier est le peintre préféré de la marquise 161 de Pompadour, la maîtresse de Louis XV; ses grâces maniérées correspondent bien au style rococo; elles s'adaptent parfaitement aux «trumeaux», cadres aux formes chantournées situés au-dessus des portes, seuls endroits où trouve encore place la peinture dans les appartements à boiseries dorées.

Certains peintres se sont faits presque exclusivement les illustrateurs de ce plaisir royal et princier par excellence: la chasse. François Desportes (1661-1743) a commencé à exceller dans ce genre sous 162

159 Antoine Watteau, *l'Embarquement pour Cythère*, Musée du Louvre. Dans ce tableau qui fut son morceau de réception à l'Académie, Watteau a donné une synthèse de son art, inspiré de Giorgione, Léonard de Vinci, Titien et Rubens.

160 Nicolas Lancret, *le Moulinet devant la charmille*, Musée de Berlin. La poésie de Watteau se transforme ici en évocation pittoresque et aimable de la vie de société.

le règne de Louis XIV, et Jean-Baptiste Oudry (1686-1755) s'y illustre sous celui de Louis XV ; tous deux se sont montrés soucieux du paysage ; les *Chasses de Louis XV* au château de Fontainebleau, faites par Oudry pour être transposées en tapisserie, comptent parmi les plus belles évocations de nature du siècle.

Le portrait connaît une énorme vogue dans une société qui se complait en elle-même ; il doit s'adapter à ses goûts et fournir aux modèles une effigie séduisante. Nicolas de Largillière (1656-1746) poursuit sur les deux siècles le portrait allégorique et le travesti mythologique aux draperies tumultueuses ; sa manière a beaucoup de succès auprès des femmes ; ces portraits de femmes deviennent très déshabillés

161 François Boucher, *Sylvie délivrée par Amynthe*, Banque de France, Paris. Boucher transforme en style galant, en l'adaptant aux données décoratives nouvelles, les thèmes mythologiques qui avaient inspiré baroques et classiques.

163 chez Jean-Marc Nattier (1685-1766), habile à transformer en déesses
les plus lourdes matrones. Le portrait tend à s'orner de nombreux
accessoires servant à définir la «condition» du modèle; Louis Toc-
qué (1696-1772), gendre de Nattier, et Carle Van Loo (1705-1765)
sont les peintres les plus en vogue de ce genre de portrait de société.

Une réaction, cependant, ne tarde pas à se faire dans le sens de
la simplicité: Jacques Aved (1702-1776), qui doit beaucoup à Chardin, est le meilleur représentant de cette tendance qui montre hommes et femmes dans l'intimité, en vêtements d'intérieur, les femmes lisant ou œuvrant à quelques travaux d'aiguille. On a tendance

à faire remonter au voyage de la Rosalba à Paris (1720) la vogue du portrait au pastel, mais celui-ci était déjà pratiqué en France où Joseph Vivien (1657-1735) s'y était fait une spécialité. Au XVIIIᵉ siècle, deux artistes en ont exploité toutes les ressources: La Tour et Jean-Baptiste Perronneau (1715-1783). Leurs tempéraments sont inverses. Perronneau, homme inquiet qui déambule à travers toute l'Europe, se complaît dans des recherches de couleurs qui lui font oublier quelque peu la fidélité au modèle. Maurice Quentin de La Tour (1704-1788), au contraire, serre au plus près la vérité, et, pour être littéral, renonce aux effets picturaux; il recherche le caractère avec une précision analytique, et son dessin tranchant fait penser au style de Voltaire.

164

Le courant de réalité, qui au XVIIᵉ siècle avait alimenté les Le Nain, n'est pas éteint; il renaît au XVIIIᵉ siècle sous l'influence de la peinture

162 François Desportes, *Chien gardant du gibier*, Musée du Louvre. Un exemple de l'iconographie de la vie noble, utilisée à des fins décoratives.

hollandaise qui connaît commercialement un grand succès. Jean-Baptiste Siméon Chardin (1699-1779) peint des natures mortes et des scènes de genre, où il montre dans l'intimité la vie de la petite bourgeoisie parisienne à laquelle il appartient lui-même; comme pour Vermeer, c'est la femme qui est l'âme de ces modestes foyers. Contrastant avec la monotonie de la manière illustrative de son temps, Chardin s'est créé un très beau métier, très sensible, fait d'empâtements accumulés qui confirme son émotion devant le réel. Son exemple suscita plusieurs imitateurs dont aucun n'approche son talent.

Le peintre le plus rococo de l'école française n'appartient pas au règne de Louis XV, mais à celui de Louis XVI, où pourtant se prononcent les tendances au néo-classicisme. Jean-Honoré Fragonard (1732-1806) fut élève de Chardin et de Boucher, il fit un voyage en Italie et sa carrière débuta à son retour à Paris en 1762; mais ce sont

163 Jean-Marc Nattier, *Madame Victoire en allégorie de l'Eau*, Musée de São Paulo. Les portraits en travesti mythologique ou allégorique assurèrent le succès de Nattier.

164 Maurice Quentin de La Tour, *Madame de Pompadour*, pastel, Musée du Louvre. Le soin minutieux avec lequel La Tour a inventorié tous les détails de ce tableau est typique de son réalisme analytique.

les peintres des écoles du Nord, Frans Hals, Rembrandt, Ruisdael et surtout Rubens qui ont eu le plus d'action sur lui. Comme les peintres du XVIIᵉ siècle des écoles flamande et hollandaise dont il s'inspire, il attache au maniement de la brosse la plus grande importance ; donnant le sentiment de l'improvisation, ses tableaux sont toujours « enlevés » avec maestria ; il a des métiers très divers, mais le meilleur est celui qui s'inspire de Rubens ; il a retrouvé les secrets de celui-ci dans l'emploi de la peinture transparente. Il commence par peindre dans le genre galant et produira les tableaux les plus effrontés du siècle ; à la fin du règne de Louis XVI, sous l'action des idées ambiantes et d'aventures personnelles, il tourne au genre idyl- 167 lique et sentimental.

166 Ce genre sentimental inspire la peinture de Greuze (1725-1805), dont le philosophe Diderot soutient les intentions moralisantes, d'ailleurs quelque peu équivoques. Lorsqu'il oublie de faire de l'«illustration» et qu'il s'abandonne aux élans de son talent, Greuze est un beau peintre, qui annonce David et même Géricault.

La vogue du portrait se maintient. Il se fait plus simple mais toujours aussi aimable. Greuze y produit les meilleures de ses œuvres. Joseph-Siffrein Duplessis (1725-1802) est le peintre officiel de la cour. Les portraits les plus gracieux sont ceux des femmes où s'illustrent François Hubert Drouais (1727-1775), peintre de la Pompadour et de la du Barry, maîtresses de Louis XV, et deux femmes peintres, Madame Labille-Guiard (1748-1803) et Madame Vigée-Lebrun (1755-1842) qui a la faveur de la reine Marie-Antoinette.

L'école française voit se développer au XVIIIᵉ siècle le genre du paysage, qui reste toujours conventionnel. Joseph Vernet (1714-1789) au cours d'un voyage à Rome prend à Claude Lorrain, par l'intermédiaire de Manglard, le goût des marines qu'il transpose d'une

165 (*À gauche*) Chardin, *Nature morte au bocal d'olives*, Musée du Louvre. Chardin est le peintre qui a donné le plus d'intensité à la vie muette des objets les plus humbles.

166 (*Ci-contre*) Greuze, *la Cruche cassée*, Musée du Louvre. La facture de ce tableau « galant », qui contient une allusion érotique voilée, est déjà toute néoclassique.

167 (*Ci-dessous*) Fragonard, *le Modèle*, Musée Jacquemart-André, Paris. Magnifique exemple du brio baroque de Fragonard, enlevé à la pointe du pinceau.

LES ARTS MONUMENTAUX

L'architecture se trouve si étroitement liée aux arts monumentaux, principalement à l'art du bois sculpté dans les retables, qu'il est difficile de l'en dissocier. On a nommé abusivement «churrigueresque» l'architecture du XVIIIᵉ siècle, du nom de José Churriguera (1665-1725), chef d'une dynastie d'architectes; or celle-ci ne représente qu'une des tendances du baroque espagnol du XVIIIᵉ siècle, dont les variétés sont très grandes suivant les provinces. Le baroque du XVIIIᵉ siècle a été créé en réalité par deux familles, celle des Figueroa à Séville et celle des Churriguera à Madrid et à Salamanque. La première œuvre monumentale de José Churriguera est significative, car ce n'est pas une œuvre d'architecture, mais de décor intérieur:

170 l'immense retable de San Esteban à Salamanque, dont il donne le projet en 1693. Il met au point l'évolution commencée vers 1660 chez les dessinateurs de retables, principalement à Compostelle, en réglant selon une cadence monumentale cette colossale falaise de bois doré, où dominent les colonnes torses à enroulements de vigne, dites salomoniques, et les rinceaux d'acanthe. Ses frères, Joaquim (1674-1724) et Alberto (1676-1740), ont travaillé également à Salamanque; le style

170 Maître-autel de San Esteban, Salamanque. Cet autel dont José de Churriguera donna le dessin en 1693, a trente mètres de hauteur; il est en bois doré avec de gigantesques colonnes torses. Il devait faire école dans toute l'Espagne et au Portugal.

171 Leonardo, Mathias et José de Figueroa, San Luís de Séville. L'école des Figueroa cherche à provoquer l'étonnement en accumulant des ornements, en créant des formes nouvelles où sont transgressés volontairement les ordres classiques.

des Churriguera se distingue par un souci de conserver aux monuments une cadence monumentale qui se ressent sans doute de l'influence de l'art platéresque salmantin. À Salamanque, Alberto traça dans un style noble la plus belle place d'Espagne, la Plaza Mayor, dont il fournit les plans en 1728 et que compléta par l'*ayuntamiento* (Hôtel de Ville), l'architecte Andrés Garcia de Quinones.

C'est ailleurs, à Tolède, à Valence, à Madrid, à Séville qu'il faut aller chercher les exemples de la liberté effrénée que l'on désigne fort malencontreusement sous le nom de churrigueresque. À Séville, dans leurs églises, les Figueroa multiplient colonnes et moulures de 171 toutes formes et mêlent les ornements classiques à ceux d'origine *mudejar*. Leonardo de Figueroa (suivi de 1680 à sa mort en 1730) est l'inventeur de ce style qui contraste avec les nobles cadences des Churriguera, celui que connaîtront les colonies d'outre-mer.

213

174 Façade du Palais Royal de Madrid. Réalisé par Sacchetti sur un projet de l'abbé Juvara qu'il simplifia, ce palais fut en Espagne le premier exemple d'un nouvel esprit classique qui devait amener l'abandon du baroque.

174   Le grand palais, construit à Madrid à la place de l'Alcazar incendié en 1734, est un palais fermé à l'italienne qui participe aussi de l'austérité de l'*alcazar* espagnol; les plans donnés par l'Italien Juvara, qui mourut à Madrid en 1735, furent exécutés, quelque peu réduits, par son élève Sacchetti. Le décor intérieur, de style franchement rococo, date du temps du roi Charles III.

Les travaux architecturaux, exécutés par des Italiens et des Français, sont à l'origine du mouvement néo-classique qui, dans la deuxième partie du XVIIIe siècle, vient peu à peu stériliser l'art baroque, si vivant dans les provinces; l'expansion du néo-classicisme prend une allure nettement officielle, le contrôle des bâtiments construits en Espagne étant assuré par l'Academia de San Fernando, fondée en 1752 par Ferdinand VI. Ventura Rodriguez (1717-1785), qui a fourni un nombre considérable de projets, est la meilleure expression de ce néo-classicisme à l'italienne, tandis que l'art de Juan de Villanueva (1739-1811) est plus élégant et plus puriste.

216

La sculpture monumentale, peu nombreuse et qui orne notamment les parcs, est surtout pratiquée par des Français. La sculpture baroque polychrome jette son dernier éclat à Grenade, à Séville et à Murcie. À Grenade José Risueno, à Séville Duque Cornejo, adaptent les images pieuses aux grâces du XVIIIᵉ siècle. À Murcie, les Salzillo, d'origine italienne, pratiquent un art précieux et maniéré, dont les sources d'inspiration sont dans les crèches napolitaines.

LA PEINTURE

Pendant le règne de Philippe V, la peinture espagnole est en pleine décadence, elle devient un art aulique, assuré par des Français, Michel-Ange Houasse, Louis Michel Van Loo, ou des Italiens, Amiconi, Corrado Giaquinto. La fin du siècle est plus originale. Luis Melendez (1716-1780) continue l'esprit des peintres de natures mortes du siècle précédent. Luis Paret (1747-1799) est un peintre de société, qu'on pourrait comparer à Jean-François de Troy ou à Lancret. Enfin

175 Francisco Goya, *Portrait de la duchesse d'Albe*, Palais d'Albe, Madrid. Ce tableau qui date de 1795 est peint dans une facture légère, pleine de délicatesse, celle de la première manière de Goya, encore dans l'esprit du XVIIIᵉ siècle.

apparaît Francisco Goya (1746-1828) qui affirmera une dernière fois le génie de l'Espagne dans la peinture. L'art de Goya se divise en deux périodes. De 1776 à 1793, Goya peint avec sensualité la vie de société et les mœurs contemporaines, dans un style élégant aux coloris joyeux qui, peu à peu, prend une forme néo-classique. Ses

175 portraits, notamment les portraits de femmes, évoquent alors la manière raffinée de Velázquez. Cependant une surdité qui devient complète en 1794 incline l'artiste à une amertume qui apparaît dans

176 la manière satirique avec laquelle il peint la *Famille de Charles IV*; les fresques de l'Ermita de San Antonio de la Florida (1799) marquent le passage. L'invasion française coupe Goya de la société aristocratique qui l'inspirait; désormais son art relève de l'expression romantique et appartient au XIXᵉ siècle.

176 Francisco Goya, *la Famille de Charles IV*, Musée du Prado, Madrid. Goya donne ici libre cours à la manière romantique, qu'il a inaugurée à San Antonio de la Florida en 1798, deux ans plus tôt.

LES ARTS APPLIQUÉS

La céramique est un art d'autant plus prospère en Espagne que la métropole doit fournir ses colonies. La vieille fabrique de Talavera a produit une quantité innombrable de vaisselle. Tandis que le décor, au XVIIᵉ siècle, s'inspire de celui de l'Italie, l'influence orientale pénètre au XVIIIᵉ siècle; la fabrique de Manises, près de Valence, voit une renaissance de la céramique à reflet métallique. En 1727 le comte d'Aranda organise à Alcora, aux environs de Valence, la production de la céramique sur le plan industriel, recrutant trois cents ouvriers parmi lesquels des Français, des Hollandais, des Italiens; des potiers de Moustiers, auxquels il fait appel, importent en Espagne le décor à la Bérain. Les fabriques de Talavera, de Manises, d'autres en Catalogne, ont produit des tableaux polychromes qui ornent les parties basses des murs dans les églises et les palais.

L'un des arts les plus prospères en Espagne est celui de la ferronnerie; il retrouve au XVIIIᵉ siècle l'éclat qu'il avait eu au XVIᵉ; dans la pénombre des églises, de hautes grilles aux magnifiques mouvements baroques ferment les chapelles. Dans l'argenterie, la technique du métal repoussé se poursuit parallèlement à celle de l'argent massif.

La dynastie des Bourbons, à l'exemple de ce qui s'était fait en France, encourage la production des arts mobiliers. Dépouillée des Pays-Bas par le traité d'Utrecht, l'Espagne se trouve ainsi coupée des ateliers de Bruxelles, d'où elle faisait venir ses tapisseries, et tributaire de ceux des Gobelins qui fournissent toute l'Europe; pour faire cesser cette dépendance, en 1720, Alberoni, ministre de Philippe V, fit venir un lissier d'Anvers, Jacob Vandergoten, pour fonder une manufacture espagnole à Santa Barbara, à Madrid. Charles III, qui avait créé une manufacture royale de porcelaine à Capodimonte en 1743 quand il était roi des Deux-Siciles, la transporta avec lui à Madrid quand il fut nommé roi d'Espagne en 1759; elle produisit, en particulier, deux cabinets de porcelaine pour les châteaux d'Aranjuez et de Madrid.

Les arts appliqués sont très prospères au Mexique, qui reçoit directement les influences de l'Extrême-Orient. Quant à la peinture, elle se divise en deux groupes. Dans la plupart des régions espagnoles ou portugaises, les modèles européens sont interprétés d'une façon populaire, mais parfois avec une saveur médiévale, comme à Quito ou à Cuzco. Seul le Mexique, qui recevait beaucoup de tableaux de l'école sévillane, avait au XVIIᵉ siècle des peintres pouvant être comparés à ceux de la métropole. Au XVIIIᵉ siècle, ces écoles de peinture déclinent comme en Espagne.

179 Façade de l'église San Lorenzo, Potosi (Bolivie). Ce portail, exécuté entre 1728 et 1744, est un exemple remarquable de traitement de la sculpture rappelant l'art précolombien par une main-d'œuvre indigène.

180 *Le Prophète Isaïe*, sanctuaire de Congonhas do Campo (Brésil), par l'Aleijadinho. Exemple de l'esprit archaïsant du grand sculpteur brésilien qui clôt l'art baroque dans le monde.

CHAPITRE DOUZE

Le XVIIIᵉ siècle en Europe centrale
et dans les pays germaniques

Fort ralentie au XVIIᵉ siècle par la guerre de Trente Ans et ses conséquences, l'activité artistique de l'Europe centrale et de l'Allemagne reprend vers les années 1660-1680 et connaîtra tout au cours du XVIIIᵉ siècle une extraordinaire intensité.

Les circonstances politiques favorisent cet essor. Le prestige de la monarchie autrichienne sort renforcé de ses victoires définitives contre les Turcs et y puise un sentiment de triomphe qui gagne toutes les principautés de l'Allemagne ayant participé à la lutte. Cette atmosphère de gloire a aussi un accent religieux, la victoire contre les Turcs étant celle de la croix contre le croissant; dans toute l'Autriche et l'Allemagne de nombreux ordres monastiques richement possessionnés, réédifient leurs églises et leurs couvents dans des dimensions grandioses avec un luxe prodigieux de décor et en font des glorifications symboliques de la religion chrétienne, à quoi ils associent l'idée impériale. Beaucoup d'églises de pèlerinages (*Pfarrkirchen*) sont aussi reconstruites en style baroque.

Autour de l'empereur, des princes autrichiens et bohémiens se font édifier des palais et des châteaux dès la fin du XVIIᵉ siècle; Prague se couvre d'églises et de palais autant que Vienne.

La vocation de l'Allemagne avant l'hégémonie prussienne fut de ne jamais connaître l'unité. L'Allemagne du XVIIIᵉ siècle s'en éloigne

185 Jakob Prandtauer, escalier du monastère de Sankt-Florian, Autriche. Même pour les monastères, l'escalier constitue une entrée monumentale. Ici, il conduit aux appartements impériaux.

186 François Cuvilliés, intérieur du théâtre de la Résidence, Munich, décoré de boiseries et de stucs.

la forme rococo, car l'Autriche n'adopte pas le système du décor dissymétrique. Beaucoup plus riche dans les églises que dans les palais, ce décor est réalisé en marbres ou, le plus souvent, en stucs peints de couleurs délicates, imitant le marbre, avec des statues de marbre blanc et des peintures plafonnantes. À titre exceptionnel, les intérieurs du château de Schoenbrunn, à l'imitation de ce qui se fait à Versailles et en Allemagne, sont décorés de boiseries rococo, avec des cabinets d'inspiration extrême-orientale.

187 On peut considérer comme relevant de l'inspiration baroque autrichienne le Zwinger de Dresde, sorte de salle des fêtes en plein air, bordé de salons et de cabinets, édifié entre 1709 et 1738 sur les dessins de l'architecte Daniel Pöppelmann (1662-1736) pour l'électeur de Saxe et roi de Pologne, Auguste Le Fort. L'Allemagne, cependant, va s'orienter très tôt vers l'élaboration du style rococo qui consiste à tirer de l'abondance multipliée des formes et des ornements une unité

189 Intérieur de l'église d'Ottobeuren, Souabe. Construite par plusieurs architectes avec un décor réalisé par les meilleurs artistes du temps, le monastère bénédictin d'Ottobeuren représente une synthèse du rococo allemand.

passionnant, se communiquant leurs projets. L'évêque Johann Philipp Franz Van Schoenborn confia à Neumann le soin de dresser le plan de sa Résidence de Wurzburg; comme on avait peu confiance dans cet artiste qui n'avait pas encore fait ses preuves, on l'envoya à Paris en 1723 pour soumettre ses plans à Robert de Cotte et à Germain Boffrand; puis on appela Boffrand lui-même à Wurzburg. L'œuvre qui résulte de ce concours de talents est un château dont les masses sont distribuées à la française, et dont le décor extérieur est baroquisé selon le goût germanique, mais sans excès. Neumann a construit d'autres châteaux (Bruschal pour l'évêque de Spire, Brühl pour l'électeur de Cologne). On lui doit aussi les projets de plusieurs églises; la plus belle de toutes est en Franconie, le sanctuaire de pèlerinage des Quatorze Saints auxiliaires, Vierzehnheiligen, 1743. Ici Balthasar Neumann a su admirablement préparer ses espaces à recevoir le léger décor du stucateur; il a réussi à inclure le chant des ellipses

236

dans un plan basilical ; la lumière abondante allège et spiritualise le décor ; toutes les lignes et les ornements convergent vers la châsse où sont contenues les reliques des saints, qui a la forme curieuse d'un carrosse. Ayant réalisé une complète maîtrise de son génie, Balthasar Neumann, sur n'importe quel thème proposé, palais, église ou chapelle, était capable de trouver la solution la plus élégante, la plus propre à engendrer l'harmonie. L'art rococo allemand meurt tardivement et brusquement. Il y a peu de transition entre le rococo et le néo-classique ; elle est perceptible dans un monument comme la rotonde de Saint-Blaise, élevée à partir de 1769 par un Français, Pierre-Michel d'Ixnard.

Mais le mouvement qui devait donner fin à l'art baroque vient de la Prusse où David Gilly, d'origine française, et C. G. Langhans (1732-1808) renversent la tendance. La célèbre porte de Brandebourg à Berlin (1788-1791) révèle une étude approfondie de l'art grec, que l'auteur a pu réaliser sans aller à Athènes d'après les publications des *Antiquities of Athens* de Stuart and Revett (1762) et des *Ruines des plus beaux monuments de la Grèce* de J. D. Le Roy (1758).

190 Balthasar Neumann, escalier du château de Brühl, Rhénanie. L'escalier est le morceau de bravoure du décor de palais, vaste espace où le génie de l'architecte peut se déployer. Celui de Brühl est sans doute le plus somptueux d'Allemagne.

LA SCULPTURE

La décoration des églises réclame une foule d'artisans du stuc, procédé que l'Allemagne reçoit de l'Italie et où elle va s'exercer avec virtuosité. La localité de Wessobrunn en Bavière fut une pépinière de ces artisans; à l'époque rococo, d'ailleurs, cet art sort du stade artisanal, du fait même qu'il requiert de plus en plus d'éléments figurés, et de grands artistes s'y exercent. Citons pour l'Allemagne: Ägid Quirin Asam; pour la Souabe, Zimmermann, Josef Anton Feuchtmayer (1696-1770), et son frère Michaël, Johann Michaël Feuchtmayer (auteur des stucs à Zwiefalten, 1747-1758); pour l'Autriche, Holzinger (auteur des stucs d'Altenburg). Le plus génial est Josef Anton Feuchtmayer, qui réalise son chef-d'œuvre à l'église de pèlerinage de Neu Birnau; un mouvement frénétique s'empare de toutes ces figures, qui se projettent en cris et en convulsions; Feuchtmayer rejoint ici l'angoissant appel d'Alonso Berruguete. Le travail du bois est une tradition germanique qui redevient prospère à l'époque baroque, les statues religieuses sont le plus souvent en cette matière; le Bavarois Ignaz Günther (1725-1775) a produit les plus élégantes. La pierre et le bronze sont employés à usage profane. Beaucoup d'artistes qui sculptèrent des statues pour des palais ou des jardins étaient étrangers. Frédéric II fit venir à Berlin des statues des sculpteurs français les plus célèbres de son temps, comme d'ailleurs il acheta quelques-uns des plus beaux tableaux qu'avaient produits Watteau et son école. Parmi les autochtones, deux grands noms sont à retenir, Andreas Schlüter (1664-1714) pour la Prusse et Georg Raphaël Donner (1693-1741) pour l'Autriche. On doit au premier l'une des plus belles statues équestres qu'ait produites l'Ancien Régime, celle du Grand Électeur qui est fondue en 1700; Schlüter s'est inspiré de la statue de Louis XIV prévue par Girardon pour la place Vendôme, mais il a entièrement renouvelé ce modèle par le mouvement d'élan qu'il

191 *L'Assomption de la Vierge*, église de pèlerinage de Rohr, Bavière. La plus remarquable mise en scène réalisée en 1717-1725 par Ägid Quirin Asam.

194 Bergmüller, fresques de la nef de Steingaden. Exemple remarquable de composition désaxée et de vision spatiale diagonale.

Zick pour l'Allemagne ; Paul Troger, Daniel Gran, Hohenberg (ou Altomonte, il est italien d'origine) pour l'Autriche. Les coloris des Autrichiens, plus proches des Lombards et des Vénitiens qui leur ont transmis le procédé, sont plus clairs, plus joyeux, plus voluptueux ; ceux des Allemands sont plus aigres ou plus cuisinés, plus romantiques souvent, car il s'y mêle parfois une curieuse influence de Rembrandt ; le romantisme, cependant, a touché l'Autriche avec Anton Maulbertsch (1724-1796) ; c'est une sorte de Magnasco germanique ; mais il a fait éclater les dimensions du tableau de chevalet, où se limite celui-ci, pour étendre à l'espace des plafonds ces fulgurations dans les remous de nuit.

Enfin, n'oublions pas que Tiepolo a peint le chef-d'œuvre de la peinture plafonnante pour le grand escalier de la Résidence de Wurzburg ; nulle part ne sont mieux associés les espaces de l'architecture à ceux de la peinture; sans doute fut-il porté au-dessus de lui-même par l'enthousiasme qu'il sentait autour de lui.

Auprès de ces artistes de génie, convient-il encore de citer quelques artisans comme cet Antoine Pesne (1683-1757), Français d'ailleurs d'origine, qui, à la cour de Berlin, a plutôt péniblement réussi à fournir les images et les effigies qu'on lui demandait? Ce sont de médiocres épigones à côté des artistes germaniques qui ont évoqué des mondes aux plafonds des églises.

LES ARTS APPLIQUÉS

Imitation de ceux qui se font en France, les meubles allemands sont plus lourds, beaucoup plus lourds, beaucoup moins bien équilibrés; les cours, d'ailleurs, en font venir de France; il en est de même pour la tapisserie, art que les Allemands ne pratiquent pas et dont on acquiert les spécimens en France. Par contre, l'Allemagne du

195 Matthäus Günther, *Saint Pierre et saint Paul chassant les démons*, église paroissiale de Goetzen (Tyrol). Cette composition tourbillonnante est vertigineuse.

XVIIIᵉ siècle a produit de bons orfèvres, et elle a donné un grand essor à la céramique. Sans atteindre la perfection des orfèvres français, les Allemands réalisent des formes rococo plus exubérantes. L'un d'eux qui a travaillé à la cour de Saxe, Johann Melchior Dinglinger, a reproduit d'extraordinaires scénographies à nombreuses figures en or et pierres précieuses («Le grand Mogol Aurung Zeb le jour de son anniversaire recevant les présents des notables», avec cent soixante-cinq figures, 1711).

À l'Allemagne revient la gloire d'avoir inventé pour l'Occident la porcelaine. Le secret technique de cette céramique, qui depuis le XVIIᵉ siècle était le principal objet d'importation de Chine en Occident, avait été si jalousement gardé qu'il ne perça jamais. Cependant, sous l'impulsion d'Auguste le Fort, passionné collectionneur de porcelaine chinoise, les recherches de Böttger aboutirent en 1709 à découvrir le procédé, et pour l'exploiter, Auguste le Fort fonda en 1710 la manufacture de Meissen; celle-ci produisit des services de table, mais Kändler inaugura les figurines qui auront tant de succès; les plus délicates furent modelées par l'Italien Bustelli. Les Saxons gardèrent moins bien le secret que les Chinois; des fabriques privées, puis officielles, s'installèrent à Vienne, Ludwigsburg, Nymphenburg, Frankenthal, Berlin. Les plus belles créations qui, dans le domaine des figurines sont plus fines même que celles de Meissen, sont celles de la manufacture de Nymphenburg, près de Munich.

CHAPITRE TREIZE

Le XVIIIᵉ siècle en Pologne et en Russie

Dans la première partie du XVIIIᵉ siècle, la Pologne se trouve dépendre politiquement de la Saxe, ayant pour rois successivement Auguste II et Auguste III, électeurs de Saxe. Cette situation fut favorable à une pénétration plus grande des influences venant de l'Europe centrale, mais aussi, par cet intermédiaire, de la France; l'architecte Longuelune, le peintre Louis de Silvestre, artistes favoris de la cour de Dresde, étaient appelés à œuvrer en Pologne. Ce pays se trouva ainsi en contact avec le rococo.

L'influence française s'accentue sous le roi Stanislas-Auguste Poniatowski qui, en 1763, succède aux électeurs de Saxe; il a en effet été élevé à Paris et eut comme éducatrice Mme Geoffrin, dont le salon était alors le plus célèbre de l'Europe. Il voulut donner à Varsovie une allure classique, fit appel à Victor Louis pour agrandir son palais, acquit des collections françaises; cependant, le palais de Lazienki à Varsovie, 1784, dû à l'Italien Domenico Merlini, avec son allure palladienne, prouve que les courants artistiques de l'Angleterre n'étaient pas non plus inconnus en Pologne. Le néo-classicisme touche la peinture avec Simon Czechowicz (1689-1775) qui a été l'élève de Carlo Maratta à Rome. 196

En Russie la politique d'ouverture vers l'Europe a ses répercussions immédiates dans les arts. Une ville nouvelle est à construire: Saint-Pétersbourg à l'embouchure de la Néva. Pierre le Grand fait de mur nues sont colorés en vert d'eau, ocre rouge, ocre jaune, bleu azur, ce qui donne à la ville de la Néva une allure joyeuse.

Bientôt l'influence française va venir freiner l'essor du baroquisme en Russie. En 1758, Élisabeth fonde une Académie impériale des Beaux-Arts, dont la direction est confiée à un Français et dont les statuts seront réformés par Catherine II en 1764 ; les principales chaires seront occupées par des artistes venus de France ; c'est un Français, Vallin de la Mothe qui, en 1759, trace les plans de l'édifice qui doit l'abriter ; le style de ce bâtiment tranche par son classicisme avec ceux de Rastrelli.

Cette orientation sera accentuée par Catherine II, l'un des plus grands mécènes du XVIIIᵉ siècle ; par la qualité et le nombre des collections qu'elle acquiert, par ses entreprises artistiques, par la façon dont elle apprécie la compagnie des philosophes, elle place la cour de Saint-Pétersbourg au premier rang des cours de l'Europe.

Pour servir de cadre aux délices de sa vie intellectuelle, Catherine fait construire par Vallin de la Mothe, sur les bords de la Néva, le Petit Ermitage, relié au Palais d'Hiver par une galerie ; elle y abrite ses collections, qui bientôt exigeront un bâtiment plus grand qu'elle fait édifier par Velten : le Vieil Ermitage. Un Italien néo-classique Giacomo Quarenghi (1744-1817) est son architecte préféré ; celui-ci construit plusieurs palais à Saint-Pétersbourg et un théâtre annexé à l'Ermitage. Le palais Alexandre de Tsarkoïe-Sélo est tout à fait néo-classique. Au Palais d'Été de Tsarkoïe-Sélo, un Écossais, Cameron (v. 1750-1811), élève une annexe, les « Chambres d'agathe » dans le plus pur style Adam.

Conquis par ces étrangers et par l'Académie des Beaux-Arts, les Russes commencent à créer eux-mêmes dans l'esprit européen : pour Potemkine, le favori de Catherine, Starov édifie dans un style néo-classique très pur le palais de Tauride.

Après la mort de Catherine (1793), le rôle des architectes russes devient plus important.

Il sera réservé au tsar Alexandre d'achever la construction de Saint-

Pétersbourg, en lui imprimant un caractère grandiose que Napoléon rêvait de donner à Paris.

LES ARTS FIGURATIFS

La sculpture avant Catherine n'est guère représentée que par Carlo Rastrelli, père de l'architecte, qui en 1744 imite le Louis XV de Girardon dans la statue équestre qu'il édifie à Pierre le Grand. Professeur à l'Académie des Beaux-Arts, le Français Nicolas François Gillet forma à la sculpture plusieurs artistes russes qui allaient compléter leur éducation en France; aussi l'art de Choubine, Kozlovsky, Chtchedrine se relie-t-il au style français. La plus grande entreprise de sculpture du règne de Catherine II est l'édification à la gloire de Pierre le Grand d'une statue équestre en bronze à laquelle le Français Falconet travailla de 1766 à 1778, et qui montre le tsar dans un calme olympien sur un cheval cabré. Un grand nombre d'artistes français ou italiens, séjournant plus ou moins longtemps en Russie, y apportent des exemples du style pratiqué dans la peinture en Europe, ce qui va permettre de créer à Saint-Pétersbourg une école de peinture aulique qui manquait totalement à la Russie; la peinture d'histoire ne produit encore que des œuvres médiocres; le portrait est pratiqué avec talent par des artistes comme Dimitri Levitsky

199

198 Giacomo Quarenghi, intérieur du théâtre de l'Ermitage, Saint-Pétersbourg. C'est un monument de style néo-classique, à riche décor de stuc.

CHAPITRE QUINZE

Le XVIIIᵉ siècle dans les pays scandinaves

Dans ses créations artistiques, la Scandinavie, au XVIIᵉ siècle, avait vécu des influences croisées de l'Allemagne, de la Flandre et de la Hollande. Au XVIIIᵉ siècle, la Suède et le Danemark changent d'orientation et se tournent vers la France. À Copenhague, pour moderniser

203 Joseph Saly, statue équestre de Frédéric V, place d'Amalienborg, Copenhague. La statue est inspirée de l'effigie équestre de Louis XV par Bouchardon à Paris.
204 Gustav Pilo, portrait de Frédéric V, château de Stockholm. L'art de Pilo rappelle Goya.

205 Alexandre Roslin, *la Dame au voile*, Musée de Stockholm. Symbole de la grâce souriante et coquette de la femme du XVIIIe siècle, ce portrait témoigne de quelque influence vénitienne.

leur capitale, les rois de Danemark font appel à l'architecte Nicolas Henri Jardin (1720-1799), aux sculpteurs Le Clerc (1688-1771) et Joseph Saly (1717-1775); ce dernier édifie une belle statue équestre à la gloire de Frédéric V. Ces Français fondent une académie qui va 203 éduquer les artistes locaux. Le meilleur peintre de la Scandinavie, le Suédois Gustaf Pilo (1712-1792), qui a travaillé au Danemark, a été 204 en contact avec ces Français de l'Académie.

À Stockholm, l'influence française pénètre dès la fin du XVIIe siècle; la reine douairière Hedvige-Éléonore, veuve de Charles X, fait édifier près de Stockholm, à la manière de Versailles, le château de Drottningholm par son architecte Nicodème Tessin le Vieux. À la mort de celui-ci, en 1681, Nicodème Tessin le Jeune (1654-1728) poursuit son œuvre et trace pour Drottningholm un jardin à la française. Il entreprendra ensuite la construction du château royal de Stockholm qui durera près d'un siècle (1697-1771) et constituera ainsi un chantier artistique permanent. Nicodème Tessin fait venir de France une équipe de peintres, de sculpteurs, d'ornemanistes, d'orfèvres, parmi lesquels le sculpteur Bernard Fouquet laissa des œuvres notables. En 1732, à la reprise des travaux, interrompus par les désastres des armées de Charles XII, l'intendant des Beaux-Arts Harleman se rend à Paris pour recruter une nouvelle équipe d'artistes; le sculpteur Larchevêque élève les statues de Gustave Vasa et de Gustave-Adolphe, tandis que Jacques-Philippe Bouchardon, frère cadet d'Edme, le grand classique français du XVIIIe siècle, exécute au cours de douze années des œuvres monumentales, dont plusieurs bustes royaux. Le comte Karl Gustaf Tessin (1695-1770), fils de Nicodème le Jeune, ambassadeur à Paris de 1739 à 1742, contribue à faire venir des artistes, mais plus encore à faire acheter des collections françaises.

Des artistes suédois vont en France pour y compléter leur formation artistique; certains y font de longs séjours comme Lavreince; d'autres s'agrègent à l'école française comme le portraitiste Alexandre Roslin (1718-1793) qui, marié et établi en France, devint peintre du roi Louis XVI; mais ses œuvres gardent cependant une certaine raideur vériste qui n'est pas dans le caractère français.

Le «style gustavien» correspondant au règne du despote éclairé Gustave III (1746-1792), qui fit deux séjours en France en 1771 et 1784, voit la Suède incliner vers le néo-classicisme. Jean-Louis Desprez (1742-1804), peintre du roi de France, qui avait fait de longues études en Italie, fut autorisé en 1784 à se rendre en Suède, où il devint premier architecte du roi et projeta dans le style néo-classique un vaste château pour la résidence royale de Haga, dont la mort de Gustave III interrompit la construction.

CHAPITRE SEIZE

Le XVIIIᵉ siècle en Grande-Bretagne

Tandis que toute l'Europe du XVIIIᵉ siècle – la Hollande mise à part – célèbre les mérites de la monarchie de droit divin dont les attributs se dispersent jusque dans les plus petites principautés allemandes, l'Angleterre fait l'expérience de la monarchie parlementaire, avec un roi régnant mais ne gouvernant pas, le gouvernement étant assuré par un cabinet responsable devant le parlement.

Le développement du régime parlementaire est facilité par la présence sur le trône d'une dynastie d'origine étrangère, celle de Hanovre ; les deux premiers George restèrent des Allemands (le premier ne pouvait se faire comprendre de ses ministres qu'en s'exprimant en latin) ; quand le troisième, tout à fait anglicisé, essaiera de ressaisir les rênes du pouvoir, ce sera trop tard. L'influence monarchique est donc à peu près nulle sur les arts ; elle n'était pas facilitée d'ailleurs par la grossièreté des mœurs des deux premiers princes de Hanovre. L'affinement des mœurs ne dut donc rien à la cour, mais à une société aristocratique, dont les avantages n'étaient d'ailleurs pas seulement fondés sur les privilèges de la naissance et où, grâce aux Whigs, les marchands et les banquiers étaient reconnus comme les égaux des nobles. Une ville de province a joué un rôle important dans le développement de la vie de société, la ville de Bath où les Londoniens allaient prendre les eaux, et où le «Beau Nash» était l'arbitre des élégances ; sous cette influence, dans la deuxième partie du XVIIIᵉ siècle, par une compensation à la rigidité des principes classiques, l'Angleterre de la deuxième partie du XVIIIᵉ siècle voit une reviviscence du style gothique qui n'avait jamais cessé d'être un usage pour les bâtiments universitaires ou ecclésiastiques ; les promoteurs du palladianisme, comme William Kent, font des monuments gothiques ; des amateurs, Sanderson Miller (1717-1780) et Horace Walpole (1717-1797) – à Strawberry Hill et Twickenham – en lancent la mode pour les *country-houses* ; ces initiatives feront école ; bibliothèques et galeries gothiques se répandront dans les châteaux. L'évolution du jardin n'est pas moins paradoxale, puisqu'elle se fait au rebours de celle de l'architecture ; la création du jardin dit «anglais» ou «anglo-chinois» est en effet la principale contribution de l'Angleterre au style rococo, ce *French style* qu'elle se défend d'avoir aimé. Paradoxe, les principaux initiateurs en ce genre sont aussi les instigateurs du palladianisme en architecture : William Kent, William Chambers et Lord Burlington ; les *Palladian country-houses*, comme Chiswick, avaient pour cadre des jardins aux mille sinuosités,

209 Richard Wilson, *Vue du mont Snowdon*, Walker Art Gallery, Liverpool. Wilson a vu l'Angleterre à travers la lumière dorée des tableaux de Claude Lorrain.

210 Thomas Gainsborough, *la Promenade du matin*, National Gallery, Londres.

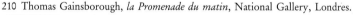

parsemés de ruisseaux, d'étangs, de vallons, de cascades et de rochers qui prétendaient reproduire la nature; on recherche alors pour les arbres des essences rares, on multiplie les fabriques, chinoises, mauresques, gothiques, les fausses ruines antiques ou médiévales, et les monuments à caractère commémoratif, philosophique ou sentimental. Ce type de jardin se répandra aussitôt dans toute l'Europe et se substituera au jardin à la française, ou se juxtaposera à celui-ci.

LES ARTS DÉCORATIFS

Les plus notables des sculpteurs en Angleterre du XVIIIe siècle sont des étrangers qui exécutent des tombeaux, des bustes, des statues décoratives pour les parcs; le plus remarquable d'entre eux est un Français, L. F. Roubiliac (1702/1705-1762).

211 Hogarth, épisode du *Mariage à la mode*: *Peu après le mariage*, National Gallery, Londres. La plus célèbre série « moralisatrice » de Hogarth.

Au début du XVIIIᵉ siècle, l'Angleterre continue à recevoir des peintres des Pays-Bas, mais il s'y joint aussi des Italiens, principalement des Vénitiens; des Français viennent aussi travailler à Londres (Watteau, Philippe Mercier). Cependant l'Angleterre commence à produire des talents originaux. Sir James Thornhill (1675-1734), qui a étudié en Italie tous les procédés de la peinture plafonnante, exécute des trompe-l'œil au grand hall de l'Hôpital de Greenwich, et à la coupole de Saint-Paul.

Hogarth (1697-1764) est le véritable fondateur de l'école anglaise de peinture. Il a transformé la peinture de genre, pittoresque en Hollande, galante en France, en peinture moralisante; l'Angleterre, où l'expression de la pensée était libre, connaissait depuis la fin du XVIIᵉ siècle un grand essor de la littérature satirique. Cet esprit de satire inspire Hogarth qui fustige les mœurs de la société britannique dans des séries de tableaux (*The Harlot's Progress*, *The Rake's Progress*, le *Mariage à la mode*); le succès du genre littéraire qu'il a créé ainsi, et qu'adoptera Greuze en France dans la deuxième partie du XVIIIᵉ siècle, est prouvé par la vente des gravures que Hogarth fait faire d'après ses tableaux. Il a fait aussi des portraits qui sont plutôt des «études», comme en fera plus tard Fragonard. La vraie gloire de Hogarth n'est pas d'avoir inventé la peinture littéraire, mais d'avoir été l'initiateur de la manière anglaise de peindre, manière généreuse, à la facture large, inspirée de celle de Rubens, dont le XVIIIᵉ siècle voit l'influence agissante en France et en Angleterre.

C'est dans l'art du portrait que l'Angleterre devait créer son style propre. Allan Ramsay (1713-1784) imite le portrait d'apparat qui se pratique alors en France et en Italie. C'est au contraire dans le sens du naturel que va évoluer le portrait anglais après 1750. Rigoureusement contemporains, Sir Joshua Reynolds (1725-1792) et Thomas Gainsborough (1727-1788) sont les deux plus grands portraitistes anglais du XVIIIᵉ siècle, mais leurs genres sont fort différents. Reynolds est un peintre de tempérament, qui se laisse volontiers aller à la fougue de l'exécution; cependant, il fut très inquiet de toutes

211

212

les questions de métier et il étudia toute sa vie les tableaux des maîtres, notamment ceux de Rembrandt et Rubens, pour pénétrer leur secret. Il aimait ausi disserter sur l'art, et chaque année il faisait un discours où il exposait ses principes à la Royal Academy, agréée par George III le 17 décembre 1768, et dont il fut le premier président. À la manière baroque, il peint les personnages en action, dans l'attitude qui convient le mieux au caractère du modèle; il s'inspire devant les modèles féminins de la sensualité de Rubens.

210   Thomas Gainsborough est plus naïf, plus spontané, moins sophistiqué que Reynolds; ses portraits sont des évocations poétiques et aristocratiques comme ceux de Van Dyck, pour lequel il avait un culte; il peint souvent des portraits de groupe; montrant des époux ou toute une famille, selon le genre de tableau de «conversation», inauguré par Hogarth et qu'avaient déjà pratiqué les Hollandais. Il aime associer ses modèles à la nature et d'ailleurs, pendant la période
213 d'Ipswich (1754-1759), il peignit des paysages dans un esprit qui rappelle Rubens et qui annonce Constable. Moin sensuel que Reynolds, c'est l'âme sentimentale de la femme qui l'a séduit.

212 Sir Joshua Reynolds, *la Mort de Didon*, Buckingham Palace. Le pathétique de Reynolds exprime souvent le passage entre éloquence baroque et sentiment romantique.

213 Thomas Gainsborough, *la Forêt*, National Gallery, Londres. Cette vision de la nature s'inspire à la fois de Rubens et de Ruysdael.

Le néo-classicisme qui règne en architecture apparaît plus tardivement dans la peinture ; il caractérise l'art de Romney (1734-1802) 214 qui commença par être peintre d'histoire ; le naturel, l'enjouement, le mouvement, qui faisaient des effigies peintes par Reynolds et Gainsborough des portraits vivants, se transforment chez lui en sentimentalité un peu fade. Hoppner (1758-1810) fixe le beau métier anglais, en larges coulées grasses, un peu conventionnelles. Raeburn (1756-1823) peint la société écossaise dans un métier magnifique, fait d'empâtements généreux dont, la plupart du temps, les reliefs ont été écrasés par les restaurateurs qui ont rentoilé ses tableaux, leur enlevant ainsi beaucoup de leur charme.

Un paysagiste vénitien, Zuccarelli, qui résida longtemps en Angleterre et qui fut membre de la Royal Academy dès sa fondation, y apporta le genre du paysage de fantaisie. L'admiration pour Claude

alors étrusques); mais dans ses vases colorés, à formes très classiques, décorés de figures blanches en relief, il imite aussi les camées antiques; l'invention de Wedgwood connaîtra un énorme succès et viendra concurrencer les productions française et allemande sur le marché européen.

218 Vase en porcelaine de Wedgwood, Victoria and Albert Museum, Londres. Le motif antique, l'«Apothéose d'Homère», a été dessiné par Flaxman sur le modèle des vases grecs.

Bibliographie

OUVRAGES GÉNÉRAUX

Argan, C. J. *L'Europe des capitales*, Genève, 1964. Synthèse idéologique sur le XVIIᵉ siècle.

Bialotocki, J. B. «Le Baroque: Style, époque, attitude», article dans *L'Information d'Histoire de l'art*, janv.-fév. 1962, pp. 19-33. Excellente étude sur l'origine du mot et l'évolution du concept baroque.

Castelli, E., etc., *Retorica e Barocco, Atti del III Congresso Internazionale di Studi Umanistici*, Rome, 1955. Exposé général pénétrant.

Friedrich, C. J., *The Age of the Baroque 1610-1660*, New York, 1952. À consulter pour l'historique de la première partie de cette période.

Hausenstein, W. *Von Genie des Barock*, Munich, 1956. Texte de nature philosophique.

Hichet, G. *The Classical Tradition*, Oxford, 1949. «Note on the Baroque», p. 289, où l'on trouve une étude théorique succincte mais assez complète.

Kaufmann, E. *L'Architecture au siècle des lumières*, Paris, 1963. Utile, quoique la majeure partie de l'ouvrage soit consacrée au néo-classicisme.

Levey, M. *Du rococo à la Révolution*, Paris, 1989. Un texte brillant et clair.

Schonberger, A., et Soehner, H. *L'Europe au XVIIIᵉ siècle*, Paris, 1960. Important mémorial de l'exposition du Rococo à Munich.

Starobinsky, J. *L'Invention de la liberté*, Genève, 1904. Synthèse idéologique sur le XVIIIᵉ siècle.

Tapié, V. L. *Baroque et Classique*, Paris, 1957. Réunit quelques études d'intérêt historique, groupées géographiquement, sur les XVIIᵉ et XVIIIᵉ siècles.

ITALIE

Briganti, G. *Pietro da Cortona*, Florence, 1962.

Friedlaender, W. *Caravaggio Studies*, Princeton, 1955. L'étude exhaustive la plus complète (documentation, iconographie et bibliographie originales).

Golzio, V. *Seicento e Settecento*, 2ᵉ édition, 2 vol., Turin, 1961. Près de mille illustrations; bibliographie exhaustive.

Hempel, E. *Francesco Borromini*, Vienna, 1924

Jullian, R. *Le Caravage*, Lyon, 1961.

Mahon, D. *Mostra dei Carracci*, Catalogue, Bologne, 1956. Introduction; documentation, illustration et bibliographie abondantes.

Pallucchini, R. *La pittura veneziana del Settecento*, Venise, 1960.

Pane, R. *Bernini architetto*, Venise, 1953. À consulter pour l'architecture du Bernin, bibliographie.

Wittkower, R. *Art and Architecture in Italy 1600 to 1750*, Harmondsworth, 1958. S'étend sur presque toute la période étudiée et sera consulté avec profit. Bibliographie extensive, illustrations; importante étude sur le Bernin.

Wittkower, R. *Gian Lorenzo Bernini, the Sculptor of the Roman Baroque*, Londres, 1955. Indispensable catalogue raisonné de la sculpture du Bernin.

ESPAGNE, PORTUGAL
ET AMÉRIQUE LATINE

Angulo Iñiguez, D. *Historia del arte hispano-americano*, 3 vol. parus, Barcelone, 1945. Etude complète de l'art en Amérique du Sud.

Baird, J. A. *The Churches of Mexico, 1530-1810*, Berkeley, 1962.

Bazin, G. *L'Aleijadinho et la Sculpture baroque au Brésil*, Paris, 1963.

Bazin, G. *L'Architecture religieuse baroque au Brésil*, 2 vol., Paris, 1956-1958.

Carvalho, A. de. *D. João V e a arte do seu tempo*, 2 vol., Lisbonne, 1962. Nombreux documents.

Gómez-Moreno, M. E. *Escultura del Siglo XVII*, Barcelone, 1963. Étude complète de la sculpture, importantes bibliographies.

Kubler, G. et Soria, M. *Art and Architecture in Spain and Portugal and their American Dominions, 1500-1800*, Harmondsworth, 1959. Importante étude générale. Illustrations et bibliographie.

Kubler, G. *Arquitectura de los siglos XVII y XVIII*, Barcelone, 1957.

Lopez-Rey, J. *Velázquez. A catalogue raisonné of his œuvre with an introductory study*, Londres, 1963. Essentiel pour l'art de Velázquez.

Lozoya, Marquis de. *Historia del art hispanico*, Barcelone, 1931.

Toussaint, M. *Arte colonial en Mexico*, Mexique, 1962.

Wethey, H. E. *Colonial Architecture and Sculpture in Peru*, Cambridge, Mass., 1949.

PAYS-BAS DU SUD

Fierens, P. *L'Art en Belgique du Moyen Age à nos jours*, 2ᵉ édition, Bruxelles, 1947.

Gerson, H. et Kuile, ter, E. H. *Art and Architecture in Belgium, 1600 to 1800*, Harmondsworth, 1960. Utile ouvrage avec une bonne étude sur Rubens; illustrations, bibliographie.

Greindi, E. *Les Peintres flamands de nature morte au XVIIᵉ siècle*, Bruxelles, 1956. Étude très complète de la peinture de nature morte.

Hairs, M. I. *Les Peintres flamands de fleurs au XVIIᵉ siècle*, Bruxelles, 1955. À consulter pour la peinture de fleurs de cette époque.

Puyvelde, Van, L. *Rubens*, Bruxelles, 1952. Introduction succincte mais utile à l'œuvre de ce peintre. Bibliographie.

Thiéry, Y. *Le Paysage flamand au XVIIᵉ siècle*, Bruxelles, 1953.

PROVINCES-UNIES

Bergström, I. *Dutch Still-Life Painting in the Seventeenth Century*. Édition anglaise, Londres, 1956. À consulter. Illustrations et bibliographie.

Gelder, Van, H. E. *Guide to Dutch Art*, La Haye, 1952. Excellente introduction à l'art hollandais. Consulter les chapitres se rapportant au baroque.

Swillens, P. T. A. *Johannes Vermeer, Painter of Delft*, Utrecht, 1950. Étude exhaustive de la peinture de Vermeer.

Vermeulen, F. A. J. *Handboeck tot de Geschiedenis der Nederlandsche Bouwkunst*, 4 vol., La Haye, 1928-1941. À consulter pour l'architecture hollandaise de cette période. 2 vol. d'illustrations.

PAYS GERMANIQUES

Boeck, W. *Joseph Anton Feuchtmayer*, Tübingen, 2ᵉ éd., 1948.

Bourke, J. *Baroque Churches of Central Europe*, Londres, 1958. Manuel très complet de l'architecture religieuse dans tous les pays germaniques. Liste des œuvres des principaux artistes; bonne bibliographie.

Congrès de la Société française d'archéologie, CVᵉ session, tenue en Souabe en 1947, Bade, 1949. En français, les meilleures notices scientifiques sur les importants monuments baroques et rococos de la Souabe.

Decker, H. *Barockplastik in den Alpenländern*, Vienne, 1943.

Dehio, G. *Geschichte der Deutschen Kunst*, Section III, 2 vol., Leipzig, 1921. Demeure un ouvrage de grande valeur sur l'art allemand.

Feulner, A. *Bayerisches Rokoko*, Munich, 1923.

Freeden, Von, M. H. *Balthasar Neumann, Leben und Werk*, Munich, 1962.

Grimschitz, B. *Johann Lucas von Hildebrandt*, Vienne, 1959.

Landolt, H., et Seeger, T. *Schweizer Barockkirchen*, Frauenfeld, 1948.

Lieb, N., et Dieth, F. *Die Vorarlberger Barockbaumeister*, Munich, 1960. Étude sur les familles d'architectes du Vorarlberg dont les œuvres sont répandues dans toute l'Europe centrale et l'Allemagne.

Lieb, N., et Hirmer, M. *Barockkirchen zwischen Donau und Alpen*, Munich, 1953. Étude générale approfondie, illustrations et liste des œuvres.

Powell, N. *From Baroque to Rococo*, Londres, 1959. Étude sur le développement de l'architecture baroque en Autriche et en Allemagne.

Schoenberger, A. *Ignaz Günther*, Munich, 1954. Contient un catalogue raisonné des œuvres de ce sculpteur.

Sedlmayr, H. *Johann Bernard Fischer von Erlach*, Vienne, 1956.

Tintelnot, H. *Die Barocke Freskomalerei in Deutschland*, Munich, 1951.

POLOGNE ET RUSSIE

Angyal, A. *Die Slawische Barockwelt*, Leipzig, 1961. Cette étude générale d'un professeur hongrois sur l'art baroque dans les pays slaves est l'un des rares ouvrages qui soient écrits dans une langue de l'Europe occidentale. Peu d'illustrations.

Hamilton, G. H. *The Art and Architecture of Russia*, Harmondsworth, 1954. Utile pour tous les arts, mais surtout pour l'architecture. Une bibliographie et de nombreuses illustrations.

Réau, L. *L'Art russe*, Paris, 1945. Important texte du meilleur connaisseur de l'art russe en France.

Talbot Rice, T. *A Concise History of Russian Art*, Londres, 1963.

FRANCE

Adhémar, H. *Watteau, sa vie, son œuvre*, Paris, 1950.

Blunt, A. *Art and Architecture in France, 1500 to 1700*, Harmondsworth, 1953. La meilleure introduction qui soit au XVIIᵉ siècle, avec une importante étude sur N. Poussin, des illustrations et une bibliographie.

Blunt, A., Bazin, G., et Sterling, C. *Catalogue de l'exposition Nicolas Poussin*, 2ᵉ édition, Paris, 1960. Documentation et bibliographie importantes.

Bourget, P., et Cattaui, G., *Jules Hardouin Mansart*, Paris, 1956.

Dacier, É. *L'Art au XVIIIᵉ siècle: époques Régence, Louis XV, 1715-1760*, Paris, 1951. Fait partie d'une collection de 4 ouvrages qui constituent une excellente vue d'ensemble des arts de cette époque. Consulter également les livres de Mauricheau-Beaupré et de Réau cités ci-dessous.

Florisoone, M. *La Peinture française. Le XVIIIᵉ siècle*, Paris, 1948.

Mauricheau-Beaupré, C. *L'Art au XVIIᵉ siècle en France*, 1ʳᵉ et 2ᵉ parties, Paris, 1952.

Réau, L. *L'Art au XVIIIᵉ siècle en France. Style Louis XVI*, Paris, 1952.

Röthlisberger, M. *Claude Lorrain*, 2 vol., New Haven, 1961. Avec un catalogue raisonné des œuvres du peintre.

Verlet, P. *Versailles*, Paris, 1961.

ANGLETERRE

Croft-Murray, E. *Decorative Painting in England, 1537-1837*, Londres, 1962. Traite de la grande peinture décorative, depuis les premiers Tudor jusqu'à Sir James Thornhill.

Edwards, R. et Ramsey, L. G. G., editors. Connoisseur Period Guides. *The Stuart Period, 1603-1714*, Londres, 1957; *The Early Georgian Period,*

1714-1760, Londres, 1957; *The Late Georgian Period, 1760-1810*, Londres, 1961. Indispensable pour les arts appliqués.

Hyams, E. *The English Garden*, Londres, 1964.

Mercer, E. *English Art 1553-1625*, Oxford, 1962. À consulter pour les débuts de cette époque.

Sekler, E. F. *Wren and his place in European Architecture*, Londres, 1956.

Summerson, J. *Architecture in Britain, 1530 to 1830*, Harmondsworth, 1953.

Waterhouse, E. *Painting in Britain, 1530 to 1790*, Harmondsworth, 1953. Embrasse l'ensemble de cette époque; importante bibliographie.

Whinney, M. et Millar, O. *English Art 1625-1714*, Oxford, 1957. Bibliographie exhaustive; bonne illustration, mais peu d'exemples des arts décoratifs.

SCANDINAVIE

Groth, H. *Châteaux en Suède*, Paris, 1980. Première récession du style gustavien (1770-1850), avec répertoire des lieux, mobiliers et artistes.

Paulsson, T. *Scandinavian Architecture, Building and Society in Denmark, Finland, Norway and Sweden*, Londres, 1958.

Réau, L. *Histoire de l'expansion de l'art français. Pays scandinaves, Angleterre, Pays-Bas*, Paris, 1931.

57 *Paysannes dormant*, par J. Siberechts. Huile sur toile, 106×83 cm. Alte Pinakothek, Munich. Cliché du musée.

58 *Vierge à l'Enfant dans une guirlande de fleurs*, par D. Seghers. Huile sur cuivre, 82×60 cm. Gemäldegalerie, Dresde. Cliché du musée.

59 *La Vue*, l'une des « allégories des Cinq Sens », par Jan Bruegel de Velours, 1617. Huile sur toile, 64×107 cm. Musée du Prado, Madrid. Cliché: Mas.

60 Saint-Michel, Louvain, église construite par G. Hesius et d'autres architectes, 1650-1671. Cliché: Copyright A.C.L., Bruxelles.

61 La tour de saint-Charles-Borromée, Anvers. L'église fut construite par F. Aguillon et P. Huyssens, 1620 env. Cliché: Copyright A.C.L., Bruxelles.

62 *Dieu le Père*, par Artus Quellin II, 1682 env. Marbre. Jubé de la cathédrale de Bruges. Cliché: Copyright A.C.L., Bruxelles.

63 Chaire de l'église Saint-Pierre-et-Saint-Paul, Malines, par le sculpteur H. F. Verbruggen, 1699-1702. Cliché: Copyright A.C.L., Bruxelles.

64 La Westerkerk, Amsterdam, construite d'après les plans de H. de Keyser, 1620 env. Cliché: Rijksdienst v.d. Monumentenzorg.

65 Le Mauritshuis, La Haye, par J. Van Campen et P. Post, 1633-1644 (?). Cliché: Rijksdienst v.d. Monumentenzorg.

66 Buste de Maria Van Reygersberg (?), par R. Verhulst. Terre cuite, hauteur 44 cm. Rijksmuseum Amsterdam. Cliché du musée.

67 *Les Régentes* (des hospices de Haarlem), par Frans Hals, 1664. Huile sur toile, 170×250 cm. Musée Frans Hals, Haarlem. Cliché: Thames and Hudson.

68 *Un arbre*, par Hercules Seghers. Eau-forte, 21×27 cm. Rijksprentenkabinet, Amsterdam. D'après *Dutch Drawings and Prints*, Thames and Hudson.

69 *Les Pèlerins d'Emmaüs* par Rembrandt, 1648. Huile sur toile, 41×59 cm. Musée du Louvre, Paris. Cliché: Thames and Hudson.

70 *La Ronde de nuit* (ou *La Compagnie du Capitaine Franz Banning Cocq*) par Rembrandt, 1642. Huile sur toile, 358×437 cm. Rijksmuseum, Amsterdam. Cliché: Thames and Hudson.

71 *Portrait de l'artiste par lui-même* par Rembrandt, 1668 env. Huile sur toile, 82×65 cm. Wallraf-Richartz Museum, Cologne. Cliché du musée.

72 *L'Amiral Jan Van Liefde* par B. Van der Helst, 1668. Huile sur toile, 138×122 cm. Rijksmuseum, Amsterdam. Cliché du musée.

73 *Portrait d'Homme* par G. Ter Borch, 1662 env. Huile sur toile, 67×54 cm. Avec l'autorisation de la National Gallery, Londres. Cliché du musée.

74 *Le Moulin à Wijk Bij Duurstede*, par Jacob Van Ruis-
dael, 1670 env. Huile sur toile, 83×100 cm. Rijksmuseum, Amsterdam. Cliché du musée.

75 *Jeune Fille à la virginale* par J. Vermeer, 1670 env. Huile sur toile, 50×44 cm. Avec l'autorisation de la National Gallery, Londres. Cliché: Thames and Hudson.

76 *Le Partage du butin* par J. Duck. Huile sur bois, 54×84 cm. Musée du Louvre, Paris. Cliché: Bulloz.

77 *Vue de la Westerkerk*, Amsterdam, par J. Van der Heyden. Huile sur bois, 40×57 cm. Avec l'autorisation de la Wallace Collection, Londres. Cliché du musée.

78 *Intérieur de la Grote Kerk*, Haarlem, par P. Saenredam, 1636 env. Huile sur bois, 59×81 cm. Avec l'autorisation de la National Gallery, Londres. Cliché du musée.

79 *Nature morte* par P. Claesz. Huile sur bois, 64×54 cm. Gemäldegalerie, Dresde. Cliché du musée.

80 *L'Enfant malade* par G. Metsu, 1660 env. Huile sur toile, 33×26 cm. Rijksmuseum, Amsterdam, Cliché du musée.

81 *Vue de Delft* par Vermeer, 1658 env. Huile sur toile, 98×117 cm. Mauritshuis, La Haye. Cliché du musée.

82 Plat d'argent représentant Diane et Actéon, par P. Van Vianen. 40×51 cm. Rijksmuseum, Amsterdam. Cliché du musée.

83 Hollande: composition en carreaux de faïence polychrome, hauteur 106 cm. Avec l'autorisation du Victoria and Albert Museum, Londres. Cliché du musée.

84 Projet pour une porte décorative par W. Dietterlin. Gravure extraite de *Architectura*, 1594.

85 Le palais Wallenstein (ou Waldstein), Prague. Construit par A. Spezza et d'autres architectes, 1623-1629. Cliché: Bildarchiv Foto Marburg.

86 Église des Théatins à Munich. Constuite par A. Barelli, E. Zucalli, etc., 1663-1690. Cliché: Bildarchiv Foto Marburg.

87 *La Fuite en Égypte* par A. Elsheimer, 1609. Huile sur cuivre, 30×40 cm. Alte Pinakothek, Munich. Cliché du musée.

88 Intérieur de l'église Saint-Pierre-et-Saint-Paul à Cracovie. Construite par G. Trevano, 1605-1609. *Sztuka Sakralna W/Polsce Architektura*.

89 Église de la Vierge du Signe à Doubrovitsy, bâtie de 1690 à 1704. Cliché: Société des relations culturelles avec l'U.R.S.S.

90 Iconostase de la cathédrale de Polotsk. Cliché: Thames and Hudson.

91 Chapelle du collège des jésuites de La Flèche, par le Père Martellange, début du XVIIᵉ siècle. Cliché: Archives photographiques, Paris.

92 Chapelle de la Sorbonne à Paris, par J. Le Mercier, 1629. Cliché: Giraudon.

93 Château de Maisons-Laffitte, par F. Mansart, 1642-1650. Cliché: Archives photographiques, Paris.

94 Salon Ovale du château de Vaux-le-Vicomte construit par L. Le Vau, 1656-1661, décoré par Ch. Le Brun. Cliché: Archives photographiques, Paris.

95 Premier projet du Bernin pour l'entrée orientale du Louvre, 1664. Coll. du Dr M. H. Whinney. Avec l'autorisation de ce dernier et du Courtauld Institute of Art.

96 La colonnade du Louvre. Façade est. 1665. Cliché: Giraudon.

97 Vue aérienne de Versailles. Château construit de 1623 à 1688. Jardins dessinés par Le Nôtre, commencés en 1667. Cliché: Tourisme français.

98 Galerie des Glaces à Versailles. Conçue par J. H. Mansart et décorée par Ch. Le Brun. Commencée en 1678. Cliché: John Webb.

99 Vue générale des jardins de Versailles. Cliché: Martin Hürlimann.

100 Le Grand Trianon, au château de Versailles, par J. H. Mansart, 1687. Cliché: John Webb.

101 *Milon de Crotone*, par P. Puget, 1671-1683. Marbre, hauteur 290 cm. Musée du Louvre, Paris. Cliché: Giraudon.

102 *Apollon servi par les Nymphes*, par F. Girardon, 1666. Marbre. Jardins de Versailles. Cliché: Giraudon.

103 Réduction de la statue équestre de Louis XIV, par F. Girardon, 1669 env. Bronze. Louvre, Paris. Cliché: Giraudon.

104 Buste du Grand Condé, par A. Coysevox. Bronze, hauteur 60 cm. Musée du Louvre, Paris. Cliché: Giraudon.

105 *La Richesse*, par S. Vouet, 1640 env. Huile sur toile, 170×150 cm. Musée du Louvre, Paris. Cliché: Giraudon.

106 *La Mort de saint Bruno*, par E. Le Sueur, 1647 env. Huile sur toile, 193×128 cm. Louvre, Paris. Cliché: Bulloz.

107 *Ex-voto* par Ph. de Champaigne, 1662. Huile sur toile, 165×228 cm. Musée du Louvre, Paris. Cliché: Thames and Hudson.

108 *Le Corps de garde* par M. Le Nain, 1643. Huile sur toile. Coll. Baronne de Berckheim, Paris. Cliché: Giraudon.

109 *La Forge* par L. Le Nain. Huile sur toile, 68×55 cm. Musée du Louvre, Paris. Cliché: Giraudon.

110 *Saint Sébastien assisté par sainte Irène* par G. de La Tour. Huile sur toile. Cliché: Thames and Hudson.

111 *Le Triomphe de Flore* par N. Poussin, 1630 env. Huile sur toile, 165×240 cm. Musée du Louvre, Paris. Cliché: Thames and Hudson.

112 *Moïse sauvé des eaux* par N. Poussin, 1638. Huile sur toile, 92×120 cm. Musée du Louvre, Paris. Cliché: Giraudon.